STEFANIE SCHOLZ

PFLANZ DIR SCHATTEN!

ROBUSTE PFLANZEN & GENIALE KONZEPTE FÜR SCHATTEN IM GARTEN

KOSMOS

INHALT

KLIMA-TAUGLICH GÄRTNERN

DER RASEN KANN DANN MAL WEG

Hoher Wasser- und Pflegebedarf wird zukünftig durch eine artenreiche und trockentolerante Staudenpflanzung eingespart.

SCHATTEN TANKEN

Mit dem Wandel gehen

Mit Experimentierfreude und Einfallsreichtum können wir dem klimatischen Wandel im Garten positiv begegnen, anstatt jede Saison einen frustrierenden Spießrutenlauf mit der Gießkanne zu erleben, weil man sich von herkömmlichen Bepflanzungen nicht lösen möchte.

Den Wandel des Klimas spüren wir in den letzten Jahren alle deutlich und sehen ihn im eigenen Garten auch unmissverständlich, wenn uns der Rasen jedes Jahr an die braunen Flächen auf Mallorca erinnert. Zögerliche Frühjahrsperioden mit niedrigen Bodentemperaturen stolpern ohne Übergang in einen Hitzesommer, dieser wiederum zieht milde Herbsttemperaturen noch weit in den Winter hinein. Kurzum, alles steht Kopf und Ratlosigkeit macht sich breit.

Die früher so begehrte Südterrasse wird mittlerweile für Mensch und Tier im Sommer zur unerträglichen Sauna. Der rückläufige Niederschlag zeigt uns regelmäßig traurig verdorrte Pflanzen, die sonst durch stetige Sommerregen wieder auftanken konnten. Selbst Sonnenanbeter wie die meisten Obst- und Gemüsepflanzen weisen immer öfter Verbrennungen auf, da die UV-Strahlung durch mehr Sonnenstunden im Jahr zunimmt.

MÖGLICHKEITEN NUTZEN

Also wie bekommen wir Schatten in den Garten, den Mensch, Tier und Pflanze (ja, richtig gelesen, selbst manche Pflanzen fühlen sich neuerdings im Halbschatten wohler) immer häufiger aufsuchen als früher? Verschwende ich die kostbare Ressource Wasser weiter für einen grünen Rasen oder probiere ich hitzeverträgliche Alternativen? Und welche Möglichkeiten gibt es trotz des Klimawandels einen Garten auch im Sommer als grünen Augenschmaus mit wohltemperierten Schattenplätzchen und einer Ernte hier und da zu genießen? Hier ist nun der Optimismus gefragt, der im Wandel eine Chance und kein Ende sieht, denn die gute Nachricht: Es gibt Lösungen!

Zugegeben, es kostet auch Bereitschaft neben neuen Erfolgen auch mal zu scheitern, denn die Experten der grünen Branche stehen mit dem Klimawandel ebenfalls vor einer ganz neuen Ära der Gartenkultur.

Ein Garten war, ist und wird immer im Wandel sein. Das hat die Natur so als Eigenart. Wer nicht mitgeht, erhält als einzige Erfolgsgarantie also in Zukunft jedes Jahr einen schönen braunen Rasen.

Schatten ist nicht gleich Schatten

Schatten, Halbschatten, lichter Schatten, absonnige Bereiche … was ist denn nun was? Und welche Art des Schattens passt zu meiner Idee vom Schattenplatz? Was bedeuten sie später für die konkrete Pflanzenwahl?

1

Diese Aufteilung ist in zweierlei Hinsicht hilfreich. Wir entscheiden zum einen, welche Art des Kleinklimas wir selbst im Garten installieren möchten, also ob wir lieber einen vollschattigen Bereich bevorzugen oder eher den lichten Schatten am angenehmsten empfinden. Zum anderen benötigen wir den Lichtfaktor, um die richtige Pflanzenauswahl für den spezifischen Standort zu treffen. Denn der Wachstumserfolg orientiert sich immer an der standortgerechten Verwendung. So muss zum Beispiel der Schatten spendende Baum sonnige Lichtverhältnisse gut vertragen, die Stauden darunter wiederum haben aber eher eine Vorliebe für den Halbschatten oder Schatten.

STANDORTANALYSE

Die Bestimmung der Lichtverhältnisse ist ein wichtiger Bestandteil der Standortanalyse. Sie sollte vor jeder Gartengestaltung und Neupflanzungen zumindest in ihren wichtigsten Aspekten grob durchgeführt werden. Denn die Orientierung an den vorherrschenden Wachstumsbedingungen sind die Voraussetzungen späteren Erfolgs.

SCHATTEN ALS CHANCE

Oft werde ich angerufen, um einen „Problemstandort" zum Leben zu erwecken. Häufig kursiert die Meinung, dass Schattensituationen im Garten kaum bis gar nicht zu besiedeln sind. Aber die Natur kennt keinen Problemstandort, denn ihre Art das Wertvollste zu schützen, nämlich den Boden, ist die Besiedlung jeder Art von Boden, also auch im Schatten. Der Schlüssel zum Glück ist die standortgerechte Pflanzenverwendung!
Zudem würde ich heutzutage eher einen Gartenbereich in voller Sonne, vor allem zur Mittagszeit, als einen Problemstandort bezeichnen. Hier müssen sich für unsere Breitengrade neue Hitzekünstler der Flora beweisen, welche zumeist aber schlecht mit unseren winterlichen Kahlfrösten und teils dann zu nassen Böden zurechtkommen.
So ist es für viele bereits verwendete Stauden, Obst- und Gemüsesorten eher als Chance zu sehen, den Schatten aktiv im Garten anzulegen. Indem wir Standorte schaffen, welche vor klimatischen Extremen etwas schützen (z. B. den Schatten gegen die Mittagssonne), regulieren wir auto-

matisch die Transpirationsrate und ersparen uns den traurigen Anblick von Welke, komplettem Absterben, verbrannten Blättern und Früchten. Auch Mensch und Tier können profitieren, indem die Hitzebelastung für ihren Organismus reduziert wird.

ARTEN VON SCHATTEN

Schatten/ Vollschatten: Hierher gelangt kaum bis kein Licht: z. B. Bereich an der Nordseite eines Bauwerks, im Schlagschatten von Hecken und Bauobjekten, am Samtfuß von Bäumen

Halbschatten: Der „wandernde" Schattenbereich. Je nach Position von Objekten und Bäumen, Sonnenstand und Tageszeit wechseln sich hier Sonne und Schatten ab. I. d. R. bekommt der Bereich nicht länger als 4–6 Stunden am Tag Sonne.

Lichter Schatten: Kein Wechsel von Sonne und Schatten. Den gesamten Tag erhält dieser Bereich ein konstant diffuses Licht, welches beispielsweise durch berankte Pergolen oder durch eine fein belaubte Baumkrone schimmert.

2

1. Waldsteinie, Brunnera und Bergknöterich 'Johanniswolke' fühlen sich im lichten Schatten bis Halbschatten unter der Eiche wohl.

2. Der Gebäudeschatten hinten, verlangt den Wechsel von Sonnenstauden am Zaun in geeignete Pflanzen für den Schatten.

Der Boden macht die Pracht

Der Boden bestimmt die passende Pflanzenwahl. Daher müssen wir ihm, neben den zuvor erwähnten Lichtverhältnissen, hier als einem Teil der immer durchzuführenden Standortanalyse ein paar Zeilen widmen.

Bodenkunde ist ein sehr komplexes Thema, allein dies würde ein ganzes Buch füllen. Da jedoch der Wachstumserfolg stark vom Boden abhängig ist, werde ich im Folgenden eine kleine Basis an Kenntnissen schildern.

WELCHEN BODEN HABE ICH EIGENTLICH?

Grundsätzlich stellt sich erstmal die Frage, welche Bodenart im Garten vorherrscht. In der Regel sprechen wir dabei vom Oberboden, ca. 30 cm spatentief, weil bis zu dieser Tiefe viele Pflanzen (insbesondere Gemüse und Kräuter) wachsen (siehe auch S. 20).
Erkennen kann ich die gärtnerisch angestrebte, fruchtbare Erde an einer feinkrümeligen Struktur. Die Bodenstruktur aus unterschiedlicher Körnung eines Mischbodens sorgt für ein ausgeglichenes Verhältnis zwischen pflanzenverfügbarem Wasser und Wasserhaltevermögen/Bodenfeuchte. Ebenfalls durch sie gegeben sind dann eine gute Durchlüftung und Durchwurzelbarkeit des Bodens. Eine ausgewogene Bodenstruktur ermöglicht wiederum ein aktives Bodenleben. Diese Organismen geben wichtige Nährstoffe aus organischer Substanz frei und erhalten durch Bildung von Dauerhumus die Krümel- bzw. Bodenstruktur stabil – dies erkennt man an der meist dunkleren Färbung eines Mischbodens. Man strebt also eine vorteilhafte Mischung aller Komponenten an. Denn zu stark bindige Böden (hoher Tonanteil) können Wasser und Nährstoffe zwar gut halten, diese sind aber kaum Pflanzen verfügbar, da solche Böden schnell verdichten und gutes Wurzelwachstum be-

BODENPROBE

Nichtbindige Böden – Sand-Kiesgemisch
kaum auszurollen, Einzelkörner sind erkennbar

Mischböden – Sand-Schluff-Ton-Gemisch
lässt sich kneten und ausrollen

Bindige Böden – Ton/Lehm
Einzelkörner sind nicht erkennbar, knet- und ausrollbar, haftet auch getrocknet

1

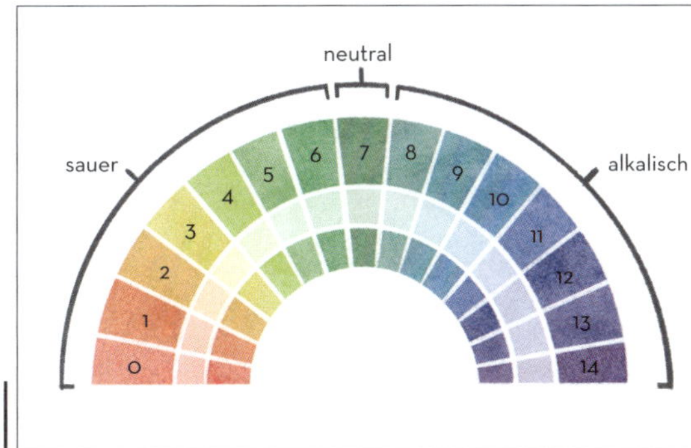

2

1. Bestimmung der Bodenstruktur durch Ausrollprobe. Hier Lehmboden

2. Auch eine Selbstmessung des pH-Werts mittels Indikatorstäbchen aus dem Fachmarkt ist möglich. Die Farben zeigen dann an, wie sauer der Boden im Garten ist.

hindern. Schwach bindige Böden (Sand-Kies) wiederum sind zwar gut durchwurzelbar, aber es fehlt die Fähigkeit, Nährstoffe und Wasser länger zu halten. Konkrete Möglichkeiten der Bodenverbesserung folgen auf S. 20 im Zuge der Pflanzung.

Was macht der pH-Wert?

Dann ist da noch der pH-Wert. Er sagt etwas über die Verfügbarkeit der Nährelemente aus und ist je nach Bodenart eher sauer, neutral oder alkalisch.

Ich neige dazu, lieber Pflanzen mit dem passenden Anspruch an den pH-Wert zu verwenden, anstatt diesen mit viel Mühe zu senken oder zu erhöhen. Die meisten Pflanzen bevorzugen eher alkalische Böden. Ausnahmen sind z. B. Heidelbeeren und Azaleen, die es gerne sauer mögen.

STAUNÄSSE WIRD OFT UNTERSCHÄTZT

Vor jeder Neupflanzung muss unbedingt kontrolliert werden, ob Bodenverdichtungen im Oberboden oder auch in der Schicht darunter vorhanden sind. Neubaugebiete, aber auch Bestandsgärten in bestimmten Regionen, können verdichtete Bodenschichten aufweisen. Indikatorpflanzen (Wildaufwuchs) wie Ackerschachtelhalm, Hahnenfuß und andere deuten manchmal schon auf Bodenverdichtungen hin. Generell verursachen Verdichtungen Staunässe und diese „ertränkt" buchstäblich die neuen Pflanzen. Oft habe ich gehört: „Täglich habe ich den Baum gegossen und trotzdem ist er vertrocknet." Logisch, denn der Baum ist schlau genug seine Blattzellen, bevor sie platzen, zu schließen, wenn stetig zu viel Wasser aufgrund von Staunässe vorhanden ist. Äußerlich scheint er zu welken. Schädliche Verdichtungen können aber im Vorfeld im Oberboden durch Zugabe von Sand, Lava oder Bims und im Unterboden durch eine Kiesdrainage unschädlich gemacht werden.

Lebensbereiche der Pflanzen

Das „Wonderland“ von Alice kann mit der Welt der Pflanzen nicht mithalten. Angepasst an diverse Lebensbereiche, erscheinen die Pflanzen in einer enormen Vielfalt. Und wer weiß, wo welche Pflanze zu Hause ist, kann diese Fülle auch in den Garten holen.

Wer eine Standortanalyse (Licht, Boden, Lage, Witterung) durchgeführt hat, ist auf dem besten Wege an das spezifische Kleinklima angepasst zu gärtnern. Denn jetzt kommen die Experten: die Pflanzen!

Da der Natur niemals die Ideen ausgehen, hat sie auch im Pflanzenreich mit der Überlebensstrategie der Anpassung an diverse Lebensräume, eine schier endlose Vielfalt hervorgebracht. Diese sollte man sich auch im eigenen Garten zunutze machen, indem man standortgerecht pflanzt – Pflanzenansprüche auf Lebensbereiche abstimmt. Häufiger Grund einer Anfrage für eine Pflanzplanung: „Wir haben schon so viel ausprobiert, aber nichts möchte dort wachsen.“ Wer kennt dies nicht? Man hat viel Zeit, Geld und Pflege investiert, aber es will nicht gedeihen. Der Grund: Meist wird gepflanzt, was sich dort nicht wohlfühlt. Um die Nerven und den Geldbeutel zu schonen, ist die Vorab-Analyse, welche Pflanze sich dort wohlfühlen würde, daher der bessere Weg. Denn wenn ich weiß, dass Lage, Licht und Boden nicht für Rosen geeignet sind, fahre ich besser damit eine Pflanze zu suchen, deren Ansprüche zu den Standortbedingungen passen, anstatt kostenintensive Bodenverbesserungsmaßnahmen vorzunehmen und tonnenweise Düngemittel anzuschaffen. Letzteres sind Maßnahmen, die ökologisch auch nicht zielführend sind. Wie also vorgehen, wenn ich in meinem Leben noch nie mit Pflanzenkunde in Berührung gekommen bin?

Standortgerechte Pflanzungen ahmen den natürlichen Zustand einer Sukzession nach: Die Rückkehr einer für den Standort typischen stabilen Pflanzengesellschaft. Im Garten bedeutet es bald, mit etwas Nachjustierung, eine ausgewogene und „funktionierende“ Vergesellschaftung von Pflanzen genießen zu können. Insofern lohnt sich die Mühe einer Standortanalyse und die standortgerechte Pflanzung allemal.

Tipp

„Right plant, right place"– so brachte es schon Beth Chatto auf den Punkt!

1

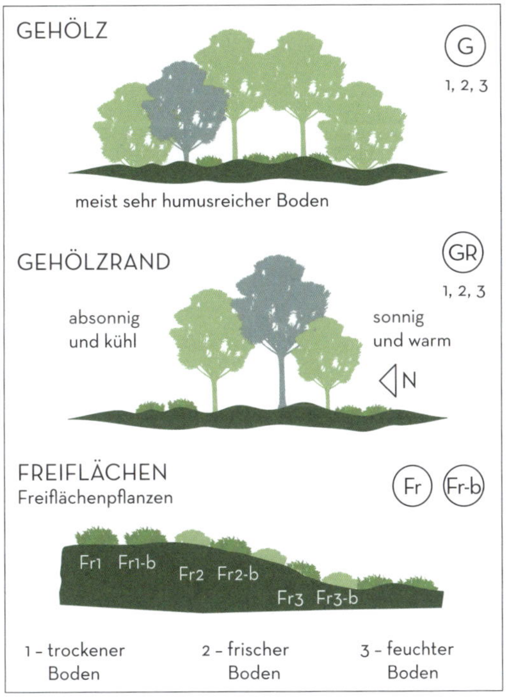

2

1. Lebensbereiche geben eine gute Orientierung bei der passenden Pflanzenwahl

2. Bergenien & Heuchera: gute Übergangskünstler vom Schatten zum Halbschatten

DAS SYSTEM DER LEBENSBEREICHE

Um ohne Unsicherheiten Pflanzen gemäß dem definierten Standort aussuchen zu können, dient das Buchstaben-System der Lebensbereiche als gute Orientierung. Da es sich allgemein durchgesetzt hat, arbeitet auch der Handel zumeist mit diesen Kürzeln und gibt somit wichtige Hinweise auf die Ansprüche der Pflanzen an ihren „Wohnort".
Wir beschäftigen uns beim Thema „Schatten pflanzen" überwiegend mit Pflanzen aus den Bereichen Gehölz (G), GR (Gehölzrand) sowie B (Beet) mit Übergängen zu den weiter unterteilten Fr (Freifläche)-Bereichen. Da viele Pflanzen eine weite Standortamplitude haben, tolerieren sie auch Übergänge zu anderen Lebensbereichen. Harmonisch kann man daher die Verbindung zwischen unterschiedlichen Lebensbereichen herstellen, z. B. vom Baumschatten in Halbschatten.
Ein ideales Bindeglied zwischen Schatten und Sonne liebenden Stauden ist z. B. die *Bergenia*-Hybride 'Baby Doll'. Diese wintergrüne Blattschmuckstaude schafft es nicht nur den halbschattigen Gehölzrand zu besiedeln, sondern kommt auch mit der Sonne auf der Freifläche gut zurecht.

1

2

Wasser ist knapp

Geringere Niederschlagsmengen und immer längere Trockenperioden fordern einen umsichtigen Umgang mit der wertvollen Ressource Wasser. Was können wir im Garten tun? Und wie gehen wir mit trockenen Schattenbereichen in der Nähe von Gehölzen um?

Wenn wir (im) Schatten pflanzen, haben wir es häufig mit einem Bereich unter gewachsenen Bäumen, an Heckenfüßen oder im Schattenwurf von Bauwerken zu tun. Oft wird dieser trockene Schattenbereich – zunächst – als ein Problemstandort wahrgenommen.
Hier müssen wir also unbedingt mit harten Gesellen aus der Pflanzenwelt arbeiten, welche (vorübergehende) Trockenheit unter Regen abschirmenden Laubdächern und Wurzeldruck von Gehölzen tolerieren können. Dazu gehören neben vielen Geophyten (mehrjährige Pflanzen, die ungünstige Jahreszeiten unterirdisch mit einem Speicherorgan überdauern) auch Stauden wie Nesselkönig *(Lamium orvala)* oder Nessel-Glockenblume *(Campanula trachelium)* sowie Farne und Gräser, beispielsweise die Schatten-Segge *(Carex umbrosa)*.

3

1. Trockentolerante Pflanzen reduzieren automatisch den Wasserbedarf.

2. Dichter Aufwuchs oder Mulch begünstigen eine stabile Bodenfeuchte.

3. Hier beschattet Frauenmantel effektiv den Wurzelbereich von Beerenobst.

GUTER BODEN SPART WASSER

Mit einer Mulchschicht aus Laubhumus wird nicht nur die Verdunstungsrate des Bodens gesenkt, sie versorgt auch alljährlich alle Schatten angepassten Stauden und Gehölze mit den notwendigen Nährstoffen. Daher macht es Sinn, Laubhumus vor einer Pflanzung mit einzuarbeiten. Das Anlegen dichten Aufwuchses verhindert ebenso, dass der Boden schnell viel Feuchtigkeit verliert, da die Transpiration der Pflanzen für ein gutes Kleinklima sorgt. Damit das kostbare Gießwasser länger im Boden gespeichert wird, lohnt sich ein sorgsames Einarbeiten von Verbesserungssubstraten wie Kokosfasern oder Bentonit.

GEZIELT GIESSEN

Eine Neupflanzung benötigt zu Beginn ausreichend Wasser, um ihr Wurzelsystem im Boden zu etablieren und sich versorgen zu können. Nach dieser Phase aber gibt es die Methode Stauden dahingehend zu „erziehen", ihr Wurzelsystem in tiefere Schichten auszuweiten, indem man sie immer erst kurz vor ihrem Welkepunkt gießt, sie also mit nicht zu viel Wasser verwöhnt. Hier ist ein regelmäßiges, wachsames Auge gefragt. Man gießt punktuell und durchdringend, denn ein Sprenger versprüht oft Wasser, wo es gar nicht benötigt wird.

Während niederschlagsarmen Perioden müssen Gehölze und Bäume als Erstes versorgt werden, da ein Trockenschaden für die Baumphysiologie erheblich mehr Konsequenzen hat als für einen Rasen. Ein Rasen regeneriert sichtlich schnell nach den ersten Niederschlägen, ich gieße ihn nie und spare mir das Wasser für Gehölze und Stauden.

Im Idealfall kommt das Gießwasser aus Regentonnen und Zisternen, so schonen wir kostbares Grundwasser und nutzen den natürlichen Wasserkreislauf.

Gesunde Pflanzen sind starke Pflanzen

Wer sich rundum wohlfühlt und auf allen Ebenen erhält, was er, sie, es zum Leben benötigt, demjenigen sagt man ein intaktes Immunsystem nach. Nicht nur bei Menschen und Tieren, sondern auch bei Pflanzen ist dies tatsächlich der Fall.

Pflanzen haben einen schier unbeugsamen Lebenswillen und versuchen selbst in diesen Zeiten extremer Witterungsschwankungen immer wieder durch Anpassungsstrategien nicht aufzugeben. Wie zu Beginn vorgeschlagen, bleiben wir offen und gehen mit dem Wandel, so können sich uns neue Beobachtungen und Ideen im Garten offenbaren.

PFLANZEN ZEIGEN, WAS SIE BRAUCHEN

Auch wenn Pflanzen nicht sprechen können, zeigen sie uns, was sie brauchen. Erscheinen sie beispielsweise schlapp, prüfen wir, ob es an Wassermangel liegt. Oder ist gar Staunässe schuld, deren Verdichtungen wir beheben könnten? Blühen sie nicht oder kümmern, weil es ihnen durch fehlenden Niederschlag im Frühjahr nicht möglich war, genügend Wasser und Nährstoffe für den alljährlichen, sehr energiereichen vegetativen und generativen Prozess zu sammeln? So können wir im kommen Frühjahr wachsamer sein und beim Austrieb punktuell, aber durchdringender gießen, eventuell auch düngen. Ebenso können wir den Boden mulchen, um ihn vor der nächsten Hitzebelastung besser zu schützen.

BESSER IM HALBSCHATTEN

Auch einigen Gemüse- und Obstsorten geht es mittlerweile besser, wenn sie nicht in der brennenden Mittagssonne stehen. Hier können wir über einen anders ausgerichteten Standort nachdenken oder mit einer robusten Hecke oder einem Baum für Hitze- und UV-Schutz während der Mittagszeit sorgen.
Dies betrifft ebenso Prachtstauden, die normalerweise immer mal gern die Sommersonne angebetet haben, sich jetzt aber in Form von üppigem Wuchs und prächtiger Blüte dankbar zeigen, wenn sie in den Halbschatten umziehen dürfen, wie z. B. die bekannte *Hemerocallis*.
Gerne verwende ich auch heimische Stauden! Lange schon sind sie an unser Klima gewöhnt und reagieren meist robuster auf Veränderungen.

INTEGRIERTER PFLANZENSCHUTZ

All das sind gegenwärtige Beobachtungen, aber den Ansatz, die Pflanze in ihrer Gesundheit von Anfang an zu unterstützen, gibt es schon lange und nennt sich integrierter Pflanzenschutz. Auf den vorherigen Seiten haben wir damit schon begonnen, denn er bedeutet als vorbeugende Maß-

1. Gesundes Gemüsebeet im Halbschatten

2. Hortensie und Heuchera mit Schäden, durch falsche Standortwahl

nahme nichts anderes, als gegebene Standortbedingungen auf die Bepflanzung abzustimmen. Somit unterstützen wir zu Beginn schon eine gesunde Wachstumsentwicklung. Denn wer gesund ist, dem kann ein Schädling nicht so leicht etwas anhaben. Also bevor über eine chemische Pflanzenschutzkeule nachgedacht wird, lieber die Pflanze an sich zuerst stärken!

Nicht parasitären Schäden durch falsche Düngung, verdichtete Böden mit Wasser- und Nährstoffmangel als Folge sowie nicht berücksichtigte Witterungseinflüsse können durch den integrierten Pflanzenschutz weitestgehend vermieden werden. Die bereits erwähnte Standortanalyse (Boden, Licht und Witterungsbedingungen) ist der Schlüssel. An ihr orientieren sich die zu ergreifenden Bodenverbesserungsmaßnahmen, die richtige Düngergabe und nicht zuletzt die richtige Pflanzenwahl in größtmöglicher Diversität.

Laub als Nahrung liegen lassen

Pflanzen schon im Vorfeld durch integrierten Pflanzenschutz gegen Schädlinge und Klimaschwankungen zu stärken, ist das Eine. Im weiteren Verlauf ihres Wachstums sollte dieses Niveau durch sachgerechte Pflege und Düngung, abgestimmt auf die Pflanzen, aufrechterhalten werden. Häufig ist es kinderleicht, z. B. fördern wir das Bodenleben und somit auch die Nährstoffverfügbarkeit automatisch, wenn wir uns trauen, das Laub von sommergrünen Stauden einfach mal nicht wegzuräumen. Die Fähigkeit, starke Temperaturschwankungen im Boden auszugleichen, ist ein weiterer Grund Laub liegen zu lassen, das bewusste Mulchen fokussiert nichts anderes. Zudem sind es gerade die „Expertenpflanzen“ im Schattenbereich, welche regelrechte „Laubschlucker“ sind und dies auch brauchen. Das kann man gut im Wald beobachten. Dieser fruchtbare Oberboden konnte nur entstehen, weil dort niemand im Herbst mit dem Laubbläser immer alles wegräumt. Hier wird der „Abfall“ der Pflanzen wieder zu nahrhaftem Dauerhumus umgewandelt.

1

2

3

1. Neupflanzung einer Staudengesellschaft im lichten Schatten mit entsprechenden Bodenmaßnahmen
2. Ringelblume schützt vor Kraut- und Knollenfäule
3. Falllaub darf liegenbleiben und schützt Pflanzen im Winter
4. Mischkultur aus Kräutern am sonnigen Fuß von Obstbäumen

Nicht nur optisch wirkungsvoll sind viele abgeblühte Pflanzenteile, Blätter und Samenstände von Stauden, Wildblumen und Gräsern, sie bieten auch ein Winterquartier für Nützlinge und Futter für Vögel.

Pflanzen mischen

Und was können wir noch tun, um einem Befall von Schädlingen vorzubeugen? Wie im Beispiel des Laubkreislaufs im Wald bekommen wir auch hier die Antwort direkt aus der Natur. Dort finden sich in allen Lebensbereichen unterschiedlich durchmischte Pflanzengesellschaften zusammen. Sogenannte Mischkulturen, welche sich gegenseitig schützen und unterstützen. Sie sind dadurch nicht so vulnerabel wie die typischen Monokulturen konventioneller Landwirtschaft.
Die resilienteren Mischkulturen sind auch ein wichtiger Teil praktizierter Permakultur im Gemüse- und Obstanbau oder in der Gartengestaltung. Mischkulturen fördern durch den unterschiedlichen Nährstoffbedarf innerhalb ihrer Gruppe die Bodengesundheit, laugen ihn also nicht aus, sondern bereichern ihn. Wie bei uns Menschen, können sich manche Pflanzen „riechen" oder eben nicht. Werden aber die richtigen Partner zusammengesetzt und gemischt, wird es Pflanzenkrankheiten und Schädlingen sehr erschwert sich auszubreiten. Diversität zahlt sich also vielfach aus

4

CHECKLISTE FÜR GESUNDE PFLANZEN

- Standortanalyse durchführen und evtl. Boden verbessern
- Staunässe beheben
- Integrierten Pflanzenschutz anwenden
- Pflanzenqualität beim Kauf prüfen
- Schutz vor Sonnenbrand installieren
- Winterschutz notwendig?
- Den Boden „füttern" mit Kompostgaben/Laubhumus, Laub liegen lassen
- Bodenschutz durch Mulchen
- Düngung und Schnitt gemäß Pflanzenanspruch
- Nützlinge anlocken
- Gießen nach Bedarf

im Garten. Mischkultur funktioniert nicht nur unter Gemüsen, sondern auch effizient in Kombination mit Kräutern. Nehmen wir das Dreamteam Tomate und Basilikum. Das Basilikum schützt sie vor dem Befall mit Weißer Fliege oder Mehltau, an ihren „Füßen" gepflanzt, verringert er die Austrocknung des Bodens und beschattet ihre Wurzeln. Die Tomate mit ihrem Laubdach wiederum optimiert seinen Standort und erzeugt lichten Schatten.
Der Borretsch, als lockende Quelle für Insekten und Nützlinge, ist eine Bereicherung für Gemüse- sowie Staudenbeete, beispielsweise Gurken und Zucchini profitieren von seiner Wirkung. Oder die bekannte Ringelblume, gerne als Umrandung von Kartoffeln und Kohl gepflanzt, da sie schadhafte Bodennematoden fernhalten kann. Schutzfunktionen könnten auch das Image der äußerst nützlichen Brennnessel etwas aufpolieren, denn nahe von Obst und Sträuchern fördert sie die Gesundung und hält u. a. Blattläuse fern.
Und wer kennt beim Thema Staudenbeet nicht den Klassiker Rose und Lavendel? Mit etwas Abstand gepflanzt, drängt der Lavendel dann Ameisen zurück und lockt nützliche Insekten an. Aufgrund dieser Eigenschaften ist es generell gut, Kräuter wie Lavendel, Rosmarin oder Salbei in Staudenbeete zu integrieren, wenn die Standortbedingungen es zulassen.

Tipp

Laub, Totholz, Wildblumen, Insektenhotels und Wasserstellen locken Nützlinge in den Garten. Für deren Winterquartier und Kinderstube die Stauden und Gräser daher erst im Frühjahr schneiden.

Worauf es bei der Pflanzung ankommt

Die richtigen Kultivierungsmaßnahmen des Bodens sind neben der standortgerechten Wahl der Pflanzen die wichtigsten Schritte im Pflanzprozess. Mühe und Einsatz werden später durch den erfreulichen Anwuchserfolg wieder sichtbar.

BODENVORBEREITUNG – STAUNÄSSE MUSS WEG!

Bei allen Vegetationsflächen unterscheidet man zwischen Oberboden und Unterboden. Der Oberboden enthält die organischen Substanzen mit einer Schichtdicke von 20–40 cm. Verbesserungsmaßnahmen am Oberboden orientieren sich an den Ansprüchen der Bepflanzung, denn es ist die Schicht, in die sie gesetzt werden.
Darunter folgt der Unterboden, der natürlich anstehende Boden oder Unterbau, falls angeschüttet wurde (Neubau). Er enthält kaum humushaltiges Material, sondern besteht hauptsächlich aus verwittertem Gestein (mineralisch) und teils eingetragenen Stoffen des Oberbodens. Oberboden und Unterboden werden in unterschiedlicher Weise verbessert.

Unterboden

In den Unterboden werden keine organischen Substanzen eingearbeitet, da es sonst durch zu wenig Sauerstoff zu Faulgasen kommen kann. Tiefgründige Lockerung des Unterbodens dient dem Beheben von Verdichtungen, die zu Staunässe führen können. Ein Baum würde sonst früher oder später „ertrinken". Bei einer Neuanlage kann das ganzflächig erfolgen, während der Oberboden derweil getrennt gelagert wird. Werden Bereiche eines Bestandsgartens verändert, sollte an mehreren Stellen durch tiefere Grabung geprüft werden, ob Bodenverdichtungen vorhanden sind, vor allem da, wo Bäume gesetzt werden. Stellt man diese fest, müssen sie aufgebrochen werden. Entweder mit dem Spaten, einem Erdbohrer oder der neuen Variante mittels einer Luftlanze. Sind Verdichtungen flächendeckend, muss mit der klassischen Methode Zwei-Spaten-tief oder einem Bagger umgegraben werden. Sind die festen Bodenschichten dann durchbrochen, werden Sand oder Splitt eingearbeitet oder in punktuell entstandene Drainagen verfüllt, um den guten Wasserabzug zu erhalten. Grundsätzlich kann das Einarbeiten von Sand, Kies, Splitt, Lava oder Bims den Wasser- und Lufthaushalt verbessern.
Wer mehr Zeit hat, den Unterboden vegetativ nutzbar zu machen, kann auch eine Gründüngung durchführen. Bestimmte Pflanzen – sogenannte Gründüngerpflanzen –, die wertvolle Eigenschaf-

Erfolg & Boden

1. Bevor der Pflanzplan umgesetzt wird, werden zuerst Bodenverdichtungen im Unterboden beseitigt.

2. Danach erfolgen der Auftrag und die Verbesserung des Oberbodens.

3. Phacelia als wertvolle Gründüngungspflanze lockert den Boden und erhöht dessen Humusgehalt.

1

2

3

ten für die Bodenverbesserung mitbringen wie Lupinen, Erbsen, Phacelia, Sonnenblumen werden eingesät und kurz vor ihrer Blüte gemäht, bevor sie nach einer 2–3-wöchigen Lagerung an Ort und Stelle ca. 10 cm tief in den Boden eingearbeitet werden. Gründüngung schützt den Boden ebenfalls vor Abtragung durch den Wind.

Oberboden

Bei einer Neuanlage wird im weiteren Schritt nun der Oberboden aufgebracht. Dabei den gelockerten Unterboden möglichst nicht mehr befahren oder nur über ausgelegte Schaltafeln betreten, um die Entstehung von neuen Verdichtungen zu vermeiden. Auch der vorhandene Oberboden eines Bestandgartens wird nun mit dem Spaten oder der Spatengabel gelockert. Dabei entferne ich bei beiden Varianten gleichzeitig schwer rottende Pflanzenteile, Wurzelunkräuter und Steine.

BODEN FÜR PFLANZEN IN EINER EHER SCHATTIGEN SITUATION

Vegetation unter Gehölzen oder am Gehölzrand, beschattet durch eine Baumkrone oder Mauer, ist

1. Organische Materialien unterstützen die Pflanzen in schattiger Lage.

2. Professionelle Bodenprobe: an zehn Stellen im Garten Erde aus 30 cm Tiefe entnehmen, vermischen und auswerten lassen.

3. Mineralische Materialien unterstützen Pflanzen in sonniger Lage

4. Ein Muss: Die Düngung mit Hornspänen unter organischem Mulch

am natürlichen Standort gewohnt, regelmäßig Dauerhumus über Laubfall zu erhalten. Lauberde, Komposterde oder organisch gedüngte Kokoserde sind hier Substrate erster Wahl. Sie fördern das Bodenleben, was eine gute Bodenstruktur erwirkt, welche wiederum für einen ausgeglichenen Luft-, Nährstoff- und Wasserhaushalt sorgt. Vor allem die Bodenstruktur stark bindiger oder karger Böden wird so bestens optimiert. Ergänzend kann noch ein organischer Dünger sowie Urgesteinsmehl auf der Fläche verteilt werden. Neigt der Oberboden dazu stark zu vernässen, ist eine Zugabe von grobem Sand eine Option, das Bodengefüge bezüglich Wasserdurchlässigkeit und Durchwurzelbarkeit zu verbessern.

Pflanzen in einer eher schattigen Situation mögen einen pH-Wert von durchschnittlich schwach sauer bis schwach alkalisch, Laub- oder Komposterde bringen dies teils schon mit. Setze ich Pflanzen mit einer Vorliebe für saure Böden, arbeite ich während der Pflanzung noch zusätzlich Rhododendron-Erde mit ein, z. B. bei Kalmien und Heidelbeeren.

BODEN FÜR PFLANZEN AUF DER SONNIGEN FREIFLÄCHE

Hier ist es etwas anders. Sie mögen in der Regel eher nährstoffärmere Böden mit alkalischer Tendenz. Ihnen reicht meist der Humus aus der Flächenkompostierung ihres eigenen Laubs. Ein guter Wasserabzug ist für sie unabdingbar, da die meisten auch vorübergehende Bodennässe nicht tolerieren können. Um der Trockenheit auf sonnigen Freiflächen oder Gehölzrändern zu trotzen, bilden sie häufig tiefe Wurzeln aus, die ihnen die Wasseraufnahme aus tieferen Erdschichten ermöglichen. Das setzt eine gute Durchwurzelbarkeit des Bodens voraus, dafür müssen Ober- und Unterboden frei von Verdichtungen sein. Das Einarbeiten von Sand oder feinem Kies ist da ein Muss. Sollte der Oberboden für diese Pflanzen schon von Beginn an sehr karg sein, arbeite ich auch hier ein wenig Kompost oder Lauberde für den Start mit ein. Bringt der Boden schon etwas Humusgehalt mit, belasse ich es bei Sand und ein wenig organischem Dünger.

1

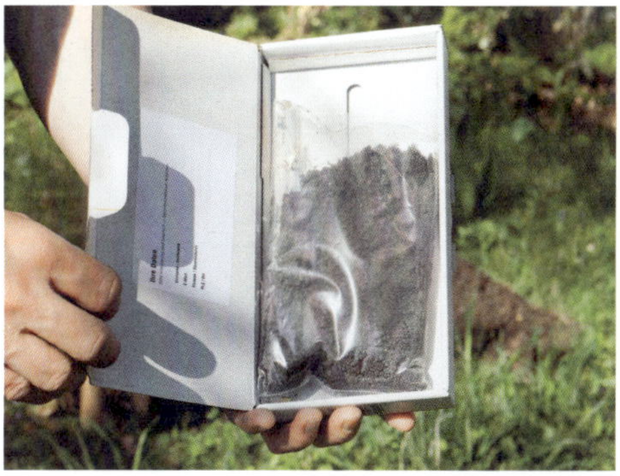

2

3

4

Ein weiterer guter mineralischer Zuschlagstoff für einen sehr mineralischen Boden ist Bentonit, da Kies und Sand betonte Böden eine geringe Wasserhaltefähigkeit haben. Gesteinsmehle halten Wasser und Nährstoffe wie ein Depot für die Pflanzen im Boden bereit.
Ob eine Kalkung des Bodens wirklich notwendig ist, sollte durch eine Bodenanalyse geprüft werden, da ein Mangel eher selten ist. Zuviel Calcium im Boden kann nämlich dazu führen, dass einige wichtige Nährstoffe nicht mehr gehalten werden. Zudem gibt eine Bodenanalyse Aufschluss über weitere Nährstoffe und Düngeempfehlungen. Vor allem bei Nutzpflanzen macht eine genaue Analyse immer Sinn. Landwirtschaftliche Untersuchungs- und Forschungsinstitute, beispielsweise die LUFA, werten eure Bodenprobe professionell aus.
Sind die entsprechenden Substrate zur Verbesserung aufgebracht, arbeite ich sie mit einem Krail sorgsam ein, bis der Oberboden die gewünschte feinkrümelige Struktur bekommt.

Tipp

Standort und Pflanzen bestimmen die Richtung der Bodenverbesserung.

1

2

DIE PFLANZEN ZIEHEN EIN

Jedes Mal eine Freude: Es wird grün! Zuerst kommen die Gehölze mit dem anschließenden Mulchen im Blick dran (Schritt für Schritt Anleitung siehe S. 26). Hierbei bitte darauf achten, dass der Wurzelanlauf nicht in Erde oder Mulch versinkt. Bäume und mehrstämmige Gehölze würden sonst Adventivwurzeln bilden und ihr ursprüngliches Wurzelsystem abstoßen. Diesen Fehler sehe ich leider häufig und das Ergebnis ist dann Krüppelwuchs oder gar komplettes Absterben.

DER RICHTIGE MULCH

Nachdem die Gehölze eingepflanzt sind, kann der Mulch ca. 4 cm dick auf der Fläche verteilt werden. Dieser bildet die oberste Schicht und erfüllt nicht nur optische Ansprüche, sondern schützt den Boden vor hoher Wasserverdunstung und Temperaturschwankungen. Ich bediene mich

1. Lauberden sind wertvolle Nährstoff- und Humuslieferanten.

2. Am effektivsten ist punktuelles und durchdringendes Gießen.

3. Länger lagernde Ballenware kann mit nassen Jutetüchern feucht gehalten werden.

LAUBERDE SELBST KOMPOSTIEREN

Geeignete Baumarten
Ahorn-, Birken-, Buchen- und Obstbaumlaub

Gemieden werden sollten
Walnuss- und Kastanienlaub (hoher Gerbstoffanteil) sowie Laub von Nadelgehölzen und Eiche (senkt den pH-Wert)

3

auch gern an meinem Stauden- und Gräserrückschnitt und verteile diesen zerkleinert zwischen Pflanzen im Bestandsbeet. Es hat denselben schützenden Effekt und das Material bleibt dem natürlichen Kreislauf als Dauerhumus erhalten.
Pflanzen in eher schattigen Gehölz(rand)-Situationen bevorzugen nahrhafte Lauberde als oberste Mulchschicht. Wer den beliebten Rindenmulch verwenden möchte, sollte vor allem die feinste Körnung wählen und die Fläche vorab mit Hornspänen anreichern, um Stickstoffkonkurrenz zwischen Pflanzen und zersetzenden Bodenorganismen vorzubeugen.
Bei Pflanzungen im Bereich sonniger Freifläche, Steppe und Prärie ist von Rindenmulch abzuraten. Da diese sandige, anlehmige, eher magere Standorte mögen, ist hier eine mineralische Mulchung besser geeignet. Es kommen hierfür Perlkies, Lavamulch oder feiner Splitt, möglichst in einer Körnung zwischen 4–8 mm, infrage.
Ist die Fläche abgemulcht, werden die Stauden und Gräser gepflanzt (Schritt für Schritt Anleitung siehe S. 28). Bei allen Schritten immer mit Bedacht auf der Pflanzfläche laufen. Zwar bewirkt das Gewicht erneuten Bodenschluss nach der Bearbeitung, aber überflüssiges „Rumtrampeln“ kann wieder zu Verdichtungen führen.

QUALITÄTSKONTROLLE BEIM PFLANZENKAUF

- [ ] Sind die Proportionen arttypisch und ausgewogen?
- [ ] Wirken Äste und Triebe gesund und kräftig?
- [ ] Hat der Ballen viele weiße intakte Feinwurzeln?
- [ ] Ist die Rinde intakt und unbeschädigt?
- [ ] Ist der Ballen kompakt und fest?
- [ ] Bei Ballenware (mB oder MDb) keine „Kunstballen“ kaufen, sie zeugen von minderer Qualität und meist sieht man ihnen schon an, dass sie beim Öffnen auseinanderfallen.
- [ ] Zögert nicht, Gehölze zu reklamieren (mit Fotos dokumentieren), wenn die Qualität nicht stimmt.
- [ ] Seit skeptisch, wenn Pflanzen im Internet auffällig günstig im Vergleich zu hiesigen Baumschulen sind.

GIESSEN

Neupflanzungen brauchen zu Beginn regelmäßig Wasser. So wird die Erde dicht an ihre Ballen gespült und die Nährstoffaufnahme über die Feinwurzeln gesichert, was weiteres Wachstum ober- und unterirdisch unterstützt. Dabei ist punktuelles Gießen der Pflanzen effektiver als langes Sprühen mit dem Sprenger. Die ersten 2 Wochen alle 1–2 Tage gießen, je nach Witterung. Nach einem andauernden Regen am besten kontrollieren, ob alle Bereiche Wasser erhalten haben und ggf. ausgesparte Stellen partiell gießen. Um die Pflanzen nach 2 Wochen weiter anzuregen selbst nach Wasser und Nährstoffen über ihr Wurzelwachstum zu suchen, gieße ich wachsam nach Bedarf. Jungbäume benötigen nach der Pflanzung 1–3 mal pro Woche Wasser und je nach Witterung mindestens 100 l pro Gießgang. Ist die obere Bodenschicht ca. 2 cm tief ausgetrocknet, sollte gegossen werden. Vor allem während Hitzeperioden und im trockenen Frühjahr sowie zwischen März und September.

BÄUME UND GEHÖLZE PFLANZEN

Einfach in 4 Schritten

1. Ballen ab Anlieferung immer feucht halten. Es folgt der Auslichtungsschnitt. Höchstens 20 % der oberirdischen Masse werden so reduziert, dass die typische Wuchsform dabei erhalten bleibt. Geschädigte, nach innen wachsende und reibende Triebe werden ganz entnommen. Der Schnitt vermindert die Transpiration der Pflanze während der Anwachsphase, somit geht mehr Kraft in die Neubildung von Wurzeln.

2. Die Pflanzgrube sollte das 1,5-Fache des Ballendurchmessers betragen. Ober- und Unterboden dabei getrennt lagern. Die Sohle bei Staunässegefahr mit einer Kiesdrainage versehen und die Grubenwände auflockern. Die Tiefe richtet sich nach der Höhe des Ballens. Die Wurzelanläufe müssen sich später über der Erde befinden. Am besten so tief setzen, wie das Gehölz zuvor im Topf oder im Freiland stand.

3. Das Gehölz einsetzen, Drahtballen oder Ballentücher am besten ganz entfernen. Den Baum nun perfekt ausrichten und Verankerungspfosten in Hauptwindrichtung einschlagen. Schichtweise den Unterboden verfüllen, dabei immer leicht antreten. Danach den Oberboden mit Pflanz- oder Lauberde ebenso einarbeiten, düngen nur bei Frühjahrspflanzung. Beim abschließenden Mulchen die Wurzelanläufe aussparen. Abschließend einen Gießring aus Erde um das Gehölz formen, mindestens traufenbreit und gut angießen!

4. Die Anbindung des Stamms erfolgt ca. 20 cm unter dem Kronenansatz mit Kokosstrick. Der Anbindungspunkt des Stamms liegt etwas höher als der des Pfostens, da sich der Baum noch setzt. Bei der Bindung in Form einer liegenden Acht auf einen faustdicken Abstand zur Rinde achten, um dort Schäden zu vermeiden.

HECKE PFLANZEN

1. Bodenvorbereitung wie bei Bäumen gemäß der Bodenansprüche der gewählten Pflanze. Wurzelnackte Ware sollte nicht lange auf das Einpflanzen warten und solange im Wasser verweilen. Containerballen werden kurz vor dem Pflanzen in Wasser getaucht. Mittels einer Richtschnur erstmal den Heckenverlauf festlegen. Bei Bäumen und Hecken den behördlichen Grenzabstand der Gemeinde zum Nachbarn beachten.

2. Beträgt der Pflanzabstand weniger als 50 cm, empfiehlt es sich, einen Graben anstatt Pflanzlöcher auszuheben, siehe „Baum pflanzen". Es gibt Abstandtabellen für Hecken, wirklich wesentlich ist, dass unabhängig von der Größe nicht zu dicht gepflanzt wird! Setzt die Büsche entlang der Schnur so, dass sie sich so gerade berühren. Entfernt auch hier die Ballentücher und schneidet gebrochene Wurzeln ab, bei Containerware kann neues Wurzelwachstum durch Anritzen bzw. Aufbrechen des Ballens angeregt werden (siehe auch S. 29).

3. Die Heckenpflanzen können nun in die Pflanzgrube gesetzt und ausgerichtet werden. Während des Verfüllens die Ausrichtung immer kontrollieren und eventuell nachjustieren, dabei das leichte Antreten nicht vergessen. Die Erstellung eines Erdwalls um die Hecke erfüllt auch hier den Zweck einer Gießmulde. Beim Mulchen bitte die Basis der Pflanzen aussparen.

4. Handelt es sich um eine Frühjahrspflanzung, erfolgt jetzt der Pflanzschnitt (bei Herbstpflanzungen im darauffolgenden Frühjahr). Dabei werden lange Triebe bis auf die Hälfte eingekürzt sowie vereinzelt ganze Triebe entfernt, welche verhindern, dass Licht ins Pflanzeninnere gelangt. So vermeiden wir ein partielles Verkahlen, regen aber neue dichte Verzweigung an. Gedüngt wird im Frühjahr, pflanzenspezifisch. Während der Anwachsphase ausreichend wässern.

STAUDEN PFLANZEN

Einfach in 7 Schritten

1. Schon beim Kauf kann die Qualität der Stauden überprüft werden. Gesundes Blattwerk sollte aus einer stabilen, nicht fauligen Basis sprießen. Einen verunkrauteten Staudentopf lieber stehen lassen. Die Erde im Topf sollte komplett durchwurzelt sein. Viele weiße, feine Haarwurzeln zeugen von guter Gesundheit und Nährstoffaufnahme.
In diesem Zustand ist die Staude stark genug für das Freilandbeet.

2. Warum kein Unkrautvlies? Der Boden unter dem Vlies verliert sein aktives Bodenleben, wird unfruchtbar, während sich auf dem Vlies über Flächenkompostierung neuer Nährboden für Beikräuter bildet! Erschwertes Jäten also vorprogrammiert. Vom Müll im Boden ganz zu schweigen. Alternativ unterdrücken ein dichter Staudenaufwuchs und Mulch unerwünschte Beikräuter und fördern sogar aktives Bodenleben.

3. Erster Schritt bei der Beetflächenvorbereitung ist die Bodenlockerung mit dem Spaten. In der Regel wird spatentief umgegraben. Stößt man jedoch auf Verdichtungen, muss so tief gegraben werden, bis diese durchbrochen sind. Sand/Kies machen sie wieder drainfähig. In diese Bodentiefen gehören keine Humusanteile. Beim Umgraben des Oberbodens große Steine, schwer rottende Wurzeln etc. entfernen.

4. Ist der Oberboden gelockert, werden die Verbesserungssubstrate gemäß der Pflanzenansprüche gleichmäßig auf der gesamten Pflanzfläche verteilt. Hier kommen Komposterde, organischer Dünger und Gesteinsmehl zum Einsatz. Mit einem Krail werden die Substrate eingearbeitet, der Boden dabei parallel begradigt. Zeigt sich die Erdstruktur feinkrümelig, kann der Mulch ca. 4 cm dick aufgetragen werden.

5. Nun werden die Neulinge auf ihr neues Zuhause bestens vorbereitet. Taucht dazu die Staudentöpfe so lange in Wasser, bis keine Luftblasen mehr entweichen. Mit einem feuchten Wurzelballen kann die Pflanze nach dem Einsetzen direkt Nährstoffe aus dem Boden ziehen und wird angeregt, ihr Wurzelgeflecht weiter auszubilden.

6. Ausstellen. Geht die Pflanzung zügig, können jetzt bereits die Pflanztöpfe entfernt werden. An heißen und sonnigen Tagen jedoch nicht! Beim Ausstellen werden alle Pflanzen unter Berücksichtigung ihres späteren Wuchsverhalten erstmal auf der Fläche verteilt. So können vor dem Einpflanzen alle Abstände noch mal auf Richtigkeit kontrolliert und korrigiert werden, sowie die angestrebte Gesamtoptik.

7. Sehr gut durchwurzelte Ballen mit einem scharfen Messer ca. 0,5 cm tief einritzen. Diese leichten Verletzungen regen die Neubildung von Wurzeln an. Auch holt dieser Einsatz den Wurzelballen aus seinem eventuell antrainierten Drehwuchs heraus, falls der Topf schon etwas eng wurde. Nun das Pflanzloch ausheben, für grundständige Rosettenpflanzen (z.B. Schlüsselblume) genauso tief wie die Pflanze vorher im Topf stand. Andere können leicht mit Erde bedeckt werden. Keinen zusätzlichen Dünger ins Pflanzloch geben, da sonst die Wurzeln verbrennen könnten.

Ist die Staude eingesetzt, wird beherzt angedrückt, damit der Ballen Anschluss an den vorhandenen Boden findet. Nach der Pflanzung muss die Staude auch unter leichtem Ziehen fest in der Erde sitzen.

SCHATTEN ANLEGEN & GESTALTEN

ALLES BEGINNT MIT BRAINSTORMING

Was bringt der Garten mit? Wie stelle ich mir den Aufenthalt im Garten vor?

Die Lage im Garten checken

Kapitel 1 gab Einblicke in die Bedürfnisse der Pflanzen, damit die grüne Gestaltung zum Erfolg wird. Aber was brauchen wir selbst, damit wir uns im Garten – auch bei viel Hitze – wohlfühlen? Und wie können diese Bedürfnisse gestalterisch umgesetzt werden?

Eine gute Basis für die weitere Planung bildet die Symbiose aus euren Wünschen sowie den klimatischen und witterungsbedingten Eigenschaften des Grundstücks. Hilfreich sind persönliche Checklisten.

GARTENNUTZUNG

Erstere: Was verbindet ihr mit einer erfüllenden Zeit im Garten? Nutzt ihr eure grüne Oase am liebsten zur Entspannung und verweilt gern an diversen Sitzplätzen? Genießt ihr den Aufenthalt durch Aktivität im Nutzgarten oder mit der Option eine Runde im Schwimmteich zu drehen? Ist der Garten ein Ort der Begegnung und Geselligkeit? Was wünschen sich die Kinder?

KLEINKLIMA IM GARTEN

Die andere Checkliste beinhaltet die vorhandenen Begebenheiten eures Gartens. Eure Beobachtungen über das Klima und die Witterungen vor Ort. Wie ist der Verlauf der Sonne? Wo wird es im Sommer besonders heiß? Wo sind bereits Gebäudeschatten auf dem Gelände? Wie wandert der Schatten von Bestandsbäumen im Tagesverlauf? Aus welcher Hauptrichtung kommt der Wind? Brauche ich Windschutz oder Winterschutz für Pflanzen vor kaltem Nordwind, Frost und Morgensonne? Wie wirken sich eventuelle Geländeversprünge auf Kleinklima und Windverhalten zu verschiedenen Tages- und Jahreszeiten aus? Mit wieviel Niederschlag ist jährlich zu rechnen? Welche Pflanzen sind bereits als natürliche Vegetation häufig aufgefallen (Zeigerpflanzen)? Sie geben erste Hinweise auf die Bodenbeschaffenheit und das Klima.
Je mehr ihr sammelt umso besser. Eure Wünsche können sich harmonisch in die bereits vorhandenen Geländeeigenschaften einbetten lassen, indem gegebene Vorteile genutzt und Nachteile abgemildert werden.

Die Gartenplanung strebt eine perfekte Symbiose aus euren Wünschen und den existierenden Standorteigenschaften an.

Wo brauche ich Schatten?

Auch wenn mancher Sommer häufiger eine Pause einlegt, bleibt der Fakt einer Klimaerwärmung spürbar. Immer öfter suchen wir den Schattenplatz anstelle der Südterrasse auf, wenn die nächste Hitzewelle zuschlägt.

Aufgrund eurer Beobachtungen über Witterung und Klima in eurem Garten sowie rund ums Haus, hat sich sicherlich schon der eine oder andere Wunsch nach Schatten an diversen Plätzen offenbart. Denn oft kann man sich die Ausrichtung in eine bestimmte Himmelsrichtung für seinen Garten nicht aussuchen. So gibt es die Tendenz, während des Jahres im eigenen Garten mit dem besten Klima „mitzuwandern".

Während der Planung entstehen z. B. Sitzplätze, die in östlicher Richtung noch die wohltuende Morgensonne einfangen, beschattete Südterrassen und nördlich gelegene Refugien, um der heißen Mittagssonne zu entgehen. Angenehme Sonnenstunden können während der Saison auf einer nordwestlich orientierten Lounge oder Feuerstelle vor Sonnenuntergang genossen werden. Plätze in Südwest-Lage heizen sich am meisten auf und werden mit steigender Beliebtheit zumindest im Sommer beschattet.

Und nicht nur der Aufenthalt draußen wünscht sich immer mehr wohltemperierte und schützende Orte vor starker Sonneneinstrahlung, auch Räume innerhalb des Hauses, typischerweise in südwestlicher Lage, erwärmen sich beschattet oder mit einer Fassadenbegrünung weniger stark.

Günstige Voraussetzungen den Schatten zu pflanzen und zu erweitern, wie Gebäudeschatten, Bestandsbäume oder Höhenunterschiede im Gelände, sind wertvoll und geben dem Planungsprozess eine konkrete Richtung.

Ein Amber- oder Trompetenbaum als „grüner Sonnenschirm“ würde den Sitzplatz optimal bereichern.

Wer Spiel und Sport im Garten sucht, möchte dies meist auch nicht in der prallen Sonne tun, vom gesundheitlichen Aspekt mal zu schweigen. Bereiche, die sich als Spiel- oder Sportflächen anbieten, sind im besten Fall auch vor der Mittags- und Nachmittagssonne geschützt.
Dann bitten uns schweigend immer mehr Pflanzen und Gemüsesorten in Form von verbranntem Laub um mehr Beschattung, vor allem zur Mittagszeit.

Wärmefallen wie Innenhöfe, wo sich die über Tag angereicherte Wärme über den Wind nicht wegtragen lässt, benötigen Konzepte für mehr Abkühlung. Eine Begrünung leistet diesbezüglich über Verdunstungskälte einen hohen Beitrag. Die Luftzirkulation verbessert sich, wenn Hecken oder Wände durchlässiger aufgebaut sind. Etwaige Technik, der Kompost und auch Hochbeete sollten möglichst geschützt vor starker Sonneneinstrahlung positioniert werden.

Tipp

Pflanzen kühlen zusätzlich die Umgebungstemperatur herunter.

Schatten machen – vielfältige Möglichkeiten

Ob Gebäudeschatten, Schatten spendende Laubdächer von Bestandsbäumen erweitern, Nutzung von Senken und Erdwällen oder Planung ganz neuer attraktiver Konstruktionen: Schatten machen verbindet oft Funktion, Entspannung und Ambiente.

1

Was fällt uns als Erstes ein, wenn wir an Schatten denken? Klar, es sind Bäume, Hecken und Pergolen mit Rankpflanzen bewachsen. Pflanzen als Schattenspender zu verwenden, ist nicht nur das ökologisch sinnvollste, sondern oft die einfachste Methode und sorgt nebenbei noch für eine kühlere Umgebungstemperatur durch deren Transpiration. In Anbetracht des Klimawandels und des Artenschwunds sollte umso mehr gepflanzt sowie Flächen entsiegelt anstatt versiegelt werden. Sieht nicht nur schön aus, sondern tut uns und der Natur einfach gut. Bei der Verwendung von Pflanzen als Schattenspender ist darauf zu achten, dass diese ihrerseits mit Trockenheit und Wärme gut zurechtkommen, zumindest eine höhere Toleranz besitzen.
Nun kommen wieder eure Notizen zum Einsatz. Wo und zu welcher Tageszeit ist Schatten gewünscht? Möchte ich Wechselschatten, z. B. mit einer Nord-Süd-Hecke oder einem Baum? Vielleicht doch lieber eine konstante Unterteilung in einen sonnigen und schattigen Bereich, z. B. durch eine Ost-West-Hecke oder die Rückwand einer Laube? Wo können Schattenspender auch als Sichtschutz agieren?

BÄUME UND RANKPFLANZEN

Wie wäre es mit einem Obstbaum als Ergänzung in der Nutzgartenecke? Richtig positioniert erwirkt die Baumkrone während der sommerlichen Mittagshitze einen lichten Schatten und schützt so Feldsalat, Minze, Petersilie und Rhabarber vor Blattschäden.
Hausbäume und Gruppengehölze können Aufenthaltsräume im Garten zuverlässig beschatten, eine Maulbeere liefert derweil noch zusätzlich einen gesunden Snack. Ob Spielturm, Hauswand oder Gartenweg, Pergola-Elemente können hier als Erweiterung der Bauwerke oder einzeln als Laubengang positioniert in Szene gesetzt werden. Mit Rankpflanzen wie Kiwi oder Akebie bewachsen, sorgen sie für ein herrliches Schattenspiel.

SPALIERGEHÖLZE

Die Erziehungsform Spaliergehölz wird mittlerweile gern als Dachform direkt in oder randnah an

2

3

1. Eine in die Terrasse integrierte Dachplatane spendet Schatten.

2. Eine Nord-Süd-Hecke erzeugt Wechselschatten.

3. Gehölze, Hecken und ein Senkgarten gestalten diverse Schattenbereiche.

die Terrasse gepflanzt. Meist so, dass ihre Laubdächer vor allem zur Mittagszeit Schatten spenden. Gegenüber den festen Überdachungen, Markisen oder Sonnensegel bringen Dachgehölze den Vorteil einer besseren Luftzirkulation mit, das heißt, die Hitze kann besser entweichen als bei einer undurchlässigen Konstruktion – so können auch Mauern schnell eher zu einer Wärmefalle als zu einem Schattenspender werden, dazu gleich mehr.

HÜGELBEETE

Hügelbeete oder diverse Geländehöhen mit unterschiedlich hohen Beetebenen können entsprechend exponiert, ebenfalls einen Schattenwurf für bestimmte Bereiche ergeben. Diesen können üppige Bepflanzungen auf den Terrassierungen oder Hügelbeeten zusätzlich noch unterhalb der Konstruktion verlängern. Auch Hochbeete, aufgeteilt in verschiedene Höhenebenen, nutzen diesen Effekt für Gemüse, was den Halbschatten bevorzugt.

SENKGARTEN

Die Gestaltung eines natürlichen Senkgartens, üppig bepflanzt mit Schatten liebenden Stauden, offenbart an heißen Tagen spürbar seinen Effekt als Kältesee. Eher nördlich ausgerichtet und als tiefster Punkt im Gelände, ist das kühlende Phänomen auch tagsüber spürbar.

Schneller Schatten – mehr als Betonwand

Wo uns früher die Sonne im Sommer verwöhnt hat, wird sie nun von Jahr zu Jahr, und das manchmal von einem auf den anderen Tag, unerträglich. Schatten muss her. Aber muss ich so lange warten, bis mein Jungbaum groß genug ist, dafür zu sorgen?

Natürlich nicht. Bäume pflanzen ist zwar immer die beste Option, aber wer in Etappen plant, kann übergangsweise bis zum Erreichen eines Kronenvolumens für ausreichend Schatten auch auf andere Mittel zurückgreifen.
Immer häufiger werde ich im Planungsprozess um das Einplanen von schattigen Gartenpartien gebeten, und oft handelt es sich um neu erschlossene Grundstücke ohne Baumbestand. Hier empfehle ich grundsätzlich in Hochstämme mit einem Stammdurchmesser zwischen 12 und 16 cm zu investieren, damit der Schatten sowie Sichtschutzeffekt nicht so lange auf sich warten lässt.

WÄNDE BIETEN SCHATTEN

Jedoch gibt es Orte wie die Terrasse direkt am Haus, Spielbereiche, weitere Sitzplätze im Garten oder eine Naschecke mit Beerensträuchern, die unmittelbar Schatten oder Halbschatten benötigen, damit sich dort alle wohlfühlen.
Eine Betonwand oder Mauer ist zwar schnell hochgezogen und richtig ausgerichtet spendet sie auch innerhalb eines bestimmten Winkels Sonnenschutz, jedoch hat sie einen Nachteil. Sie ist auch ein Wärmespeicher, vor allem Konstruktionen aus Stein, Beton oder Metall. Sie geben die über Tag gespeicherte Wärme auch nachts wieder an ihre Umgebung ab. Ein kühlender Effekt stellt sich nicht ein. Genauso verhält es sich mit Hausfassaden und versiegelten Flächen.

GRÜNE WÄNDE BIETEN KÜHLEN SCHATTEN

Möchte ich Bauwerke als Sonnen-, Wind- oder Sichtschutz nutzen, kann die Wärmeleitfähigkeit durch Begrünung und unter der Berücksichtigung guter Luftzirkulation reguliert und ausgeglichen werden.
Recht schnellen Schatten kann ich auch durch eine komplett grüne Wand erzeugen. Vom klassischen Heckenelement über den Einsatz von Spaliergehölzen oder der Verwendung hoher Gräser bis hin zu Rankwänden. Letztere können mittlerweile schon als fertige Elemente erworben werden. Dabei ist der Aufwand einer Selbstkonstruktion überschaubar und hat den Vorteil, individuell und passgenau konstruiert werden zu können.

2

3

1. „Wand“ aus Spaliergehölzen in U-Form für Sonnenschutz am Mittag

2. Helle Materialien und viel Grün reduzieren die Wärmespeicherung

3. Richtig geplant, spenden Hecke und Baumkrone ganztägig Schatten.

Auch für Gärten mit wenig Platz sind diese Optionen geeignet. Eine interessante Optik kann entstehen, wenn sich Heckenelemente (oder Spaliere) und Mauerelemente abwechseln. Ebenso begünstigt dieser Wechsel eine gute Luftzirkulation, warme Luft kann leicht entweichen.

RANKPFLANZEN ZUM BEGRÜNEN

Begrünungen mit Rankpflanzen haben neben der malerischen Optik häufig mehrere Funktionen. Hausfassaden erhalten eine wertvolle Isolierung, die für ein ausgeglichenes Klima sorgt. An Pergolen, Lauben oder Pavillons spenden sie Schatten und kühlen die Umgebungstemperatur. Grüne Rankelemente, genutzt für die Einfriedung eines Gartens oder Begrenzung eines Sitzplatzes, geben zusätzlich Sichtschutz.

Praktische Rankhilfen

Installation und Kosten für Rankhilfen können sich dank Spannseil-Systemen aus Edelstahl, ob frei oder wandgebunden, in annehmbaren Rah-

Für den Blauregen sind frei stehende Gerüste ideal.

men bewegen und sehen zudem meist gefälliger aus als die optisch sehr dominanten Rankgerüste. Die Entscheidung trifft zuletzt der individuelle Geschmack sowie der Gesamtstil eines Gartens.

In der Regel sollte ein wandgebundenes Spannseil-System mit ca. 5–6 cm Abstand zur Wand montiert werden. So ist eine ausreichende Belüftung gegeben. Die meisten Kletterpflanzen bevorzugen als Rankhilfe eine Gitterstruktur, manchmal genügt aber auch eine rein parallele Seilspannung, immer abhängig vom speziellen Rankverhalten der Pflanzen.

Bei freistehenden Pergolen oder Rankwänden als Sicht- und Sonnen-

KLETTERPFLANZEN FÜR RANKSYSTEME, DIE MIT SONNENEINSTRAHLUNG KLARKOMMEN

Hundsrose *(Rosa canina)*, **Hechtrose** *(Rosa glauca)*	Unkomplizierte, robuste heimische Wildrosen. Manche Rambler-Rose ist ebenso insektenfreundlich.
Blauregen *(Wisteria)*	Bildschön, aber gewaltig. Daher besser nicht zu nah an Fallrohre o. Ä. pflanzen, er hat die Kraft diese zu „erwürgen“. Absolut malerisch wirkt er als Laubdach für Pergolen und Durchgänge.
Waldreben *(Clematis)*	„Kalter Fuß, warmer Kopf“ sind Grundbedürfnisse aller Clematis-Arten. Mit Mulch oder einer Unterpflanzung sind diese gut erfüllt.
Kiwi *(Actinidia)*, **Akebie** *(Akebia quinata)*, **Weinreben** *(Vitis vinifera)*	schenken uns leckere Kost
Trompetenblume *(Campsis radicans)*, **Passionsblume** *(Passiflora)*, **Geißblatt** *(Lonicera)*	Ein Hauch von Exotik für den Garten. Die Passionsblume braucht allerdings Winterschutz und *Lonicera* kommt auch gut im Halbschatten klar.

schutz bilden stabile Pfosten oder Stelen, welche mittels Punkt-Fundamenten fest im Boden verankert werden, den vertikalen Rahmen der Konstruktion. Die Querverbindung übernimmt daraufhin das Spannseil-System.
Egal, um welche Rankkonstruktion es sich handelt, Pflanzen sind dankbar, wenn ihnen ein mindestens 45 cm breites Beet mit gutem Wasserabzug und gesunder Bodenstruktur überlassen wird. Je mehr Wurzelraum für die Pflanzen eingeräumt wird, umso besser für ihr Wachstum und ihre Gesundheit.

Selbstklimmer mit Haftwurzeln

Diese benötigen zwar keine Kletterhilfe, können aber u. U. durch ihre Haftorgane teure Schäden am Mauerwerk verursachen. Dazu gehören Efeu, Kletterhortensien, Wilder Wein oder auch manche Klettertrompete sowie teilweise die Kletterspindel. Wer nicht auf den imposanten Anblick leuchtenden Wilden Weins im Herbst verzichten möchte oder den immergrünen Aspekt der Kletterspindel schätzt, kann das Mauerwerk auf Eignung prüfen lassen, um Unsicherheiten aufzuheben. Für besonnte Fassaden eigenen sich Kletterspindel und Wilder Wein am ehesten.

1

Kletter-
kunst

2

1. Auch für Insekten ist die farbenfrohe *Campsis radicans* interessant.

2. Wilder Wein klettert selbständig mit Haftwurzeln.

Grüne Wände

Hier ein Fallbeispiel mit einem Innenhof eines Bungalows: Eine komplette Einfriedung aus Mauerwerk wirkt klimatisch wie eine Wärmefalle. Aber Begrünung reguliert die Verdunstungskälte und drosselt durch Beschattung die Wärmespeicherkapazität der Steine.

Sichtschutz und Schattenspender

Rankgerüste, deren Bewuchs bald für besseres Klima sorgen. Gleichsam versperren sie die Sicht auf den nicht gewünschten Anblick der Hütte und der Lichtschächte. Ein fast mittig gesetzter, heranwachsender Kleinbaum ist zugleich Eyecatcher und Schattenspender. Eine kleine Hecke schirmt eine der Mauern ab und bremst so kontinuierliche Speicherung von Wärme am Tag und Abgabe in der Nacht.

Blühabfolge und Pflanzenstandort

Im Herbst des ersten Standjahres haben Immergrüne Waldrebe *(Clematis armandii)*, Immergrünes Geißblatt *(Lonicera henryi)* und eine vorhandende Rose die Rankhilfen bereits erobert. Nicht mit im Bild ist der Winterjasmin *(Jasminum nudiflorum)* für gelbe Blüten ab Dezember. Bis auf die Rose sind allesamt immergrün. Links und rechts sind zwei verschiedene Lebensbereiche zu erkennen, die durch Gartenausrichtung und Gebäudeschatten im Tagesverlauf entstehen.

Bodenschutz durch dichten Aufwuchs

Dichter Aufwuchs als Unterpflanzung der Rankgerüste, des Baums und der Hecke verringert die Verdunstungsrate des Bodens und hält die Feuchtigkeit. Durch den herrschenden Wechselschatten in diesem Hof sind hier „Übergangskünstler“ gepflanzt worden wie Teppich-Knöterich *(Bistorta affinis)*, Mandelblättrige Wolfsmilch *(Euphorbia amygdaloides)*, Cambridge-Storchschnabel 'Karmina' (*Geranium* x *cantabrigiense*), Balkan-Windröschen *(Anemone blanda)*, Weiße Waldaster *(Aster divaricatus)*, Kleinblättriges Immergrün *(Vinca minor)* und Große Sternmiere *(Stellaria holostea)*.

Kleinklima beachten

Gartenräume erzeugen

Schatten zu gestalten kann nebenbei eine wichtige weitere Funktion erfüllen. Spielen Schattenplätze als Elemente der Gartenplanung eine Rolle, leisten sie der „Raumaufteilung" des Gartens wertvolle Dienste.

Den Klassiker der Gärten kennen wir alle: An die Terrasse schließt sich eine Rasenfläche an, welche wiederum meist mit schmalen Beeten eingefasst wird, die parallel zu den Grenzen des Gartens verlaufen.

In der Konsequenz ist der gesamte Garten aus jedem Blickwinkel als ganze Fläche einsehbar und wir schauen auf Zäune, Türen, Treppen und andere Elemente, die wir eher nicht im Fokus haben möchten oder uns gar unterschwellig beunruhigen. Kommt da jemand durch die Garagentür? Werde ich aus dem ersten Stock des Nachbarhauses beobachtet, wenn ich mit meinem Besuch auf der Terrasse sitze? Selbst wenn diese Gartensituation nicht das Grundbedürfnis nach Schutz und Geborgenheit beeinträchtigt, so wirkt diese Situation trotzdem eher spannungslos auf uns. Was nicht nur auf das Erfassen der Gesamtproportion auf einen Blick zurückzuführen ist, sondern auch auf das unbewusste Betonen der gesamten Raumtiefe, wenn sich typischerweise durchgängige Beete an der kompletten Längsachse befinden. Die Schlauchwirkung eines klassischen (Reihen-)hausgartens wird so maximal betont.

RÄUME ERSCHAFFEN

Die Bilder zeigen Hausgärten, deren Schlauchwirkung durch Raumaufteilung aufgehoben wurde. Die neue Linienführung sorgt dafür, dass die gesamten Proportionen nicht mehr auf einen Blick erfasst werden können. Spannung und Neugier werden geweckt. Die neuen Bereiche wirken miteinander stimmig, wenn sie in Bezug auf Größe und Form ihrer Grundfläche wohlproportioniert zueinanderstehen. Zum Beispiel erhält eine große Terrasse auch besser ein sehr großzügiges angrenzendes Staudenbeet, damit sie nicht zu dominant und der Rest nicht zu winzig erscheint.

Raumaufteilungen können in einer gradlinigen oder geschwungenen Formsprache entworfen werden. Mit etwas Geschick können diese Stile auch stimmig kombiniert werden. Egal, welche Art der Formgebung bevorzugt wird, einheitlich und harmonisch wirkt sie dann, wenn die Flächen untereinander auch gemeinsame Fluchtlinien besitzen, sich aneinander orientieren.

Fluchtlinien von Hausecken oder Terrassentüren- und -fenstern geben den anschließenden Flächen erste stimmige Platzierungen. Während Flächen

Den Blick lenken

1. Beete und Pergola lenken den Blick in den nächsten zu erahnenden „Raum".

2. Organische Raumaufteilung mit geschwungenen Linien unterbricht die starre Sichtachse bis zum Ende des Gartens

1

2

weiter hinten im Garten (Bild 1) neue Fluchtlinien entstehen lassen, die fortlaufend Bezug zueinander nehmen.

BLICKFÄNGE UND SICHTACHSEN

Während die harmonische Raumaufteilung schon die streng-statische Sichtachse von Terrasse bis zum Ende des Gartens durchbricht, ist nun die Ausgestaltung der einzelnen Räume, Zuwegungen und deren Verbindungen untereinander ein perfektes Instrument Blickfänge wirkungsvoll zu inszenieren.

Stauden und Gehölze verbinden die Gartenräume und schenken ihnen innerhalb zugleich Autonomie.

Tipp

Beschränkt euch auf zwei bis drei Materialien im Garten, dies wirkt ruhig und einheitlich.

Neue Räume schaffen auch neue Sichtachsen, an deren Enden ein Blickfang beispielsweise eine Hütte verbergen oder Elemente hervorheben kann, wie ein Wasserspiel, einen Pavillon oder ein malerisches Gehölz. Zudem kann eine Sichtachse bewusst den Blick in eine schöne Landschaft hinter dem Garten freigeben. Schatten spendende Elemente wie Pergolen oder beeindruckende Bäume übernehmen automatisch auch diese gestalterische Funktion. Ein versteckter Sitzplatz, den man hinter einem Hügel- oder Hochbeet nur erahnen kann, da die Bepflanzung zuallererst die Aufmerksamkeit bekommt, erfüllt Raumgestaltung und Blickfang zugleich. Rankwände, Hecken und Spaliergehölze trennen die Räume nicht nur, über Wiederholungen können sie diese auch verbinden, Sichtachsen betonen und verlängern, dem Raum so mehr Tiefe geben. Wiederkehrende Pflanzengemeinschaften können den Räumen ebenso eine miteinander verwobene Wirkung geben, dem Gesamtbild etwas Ruhiges und Einheitliches schenken.

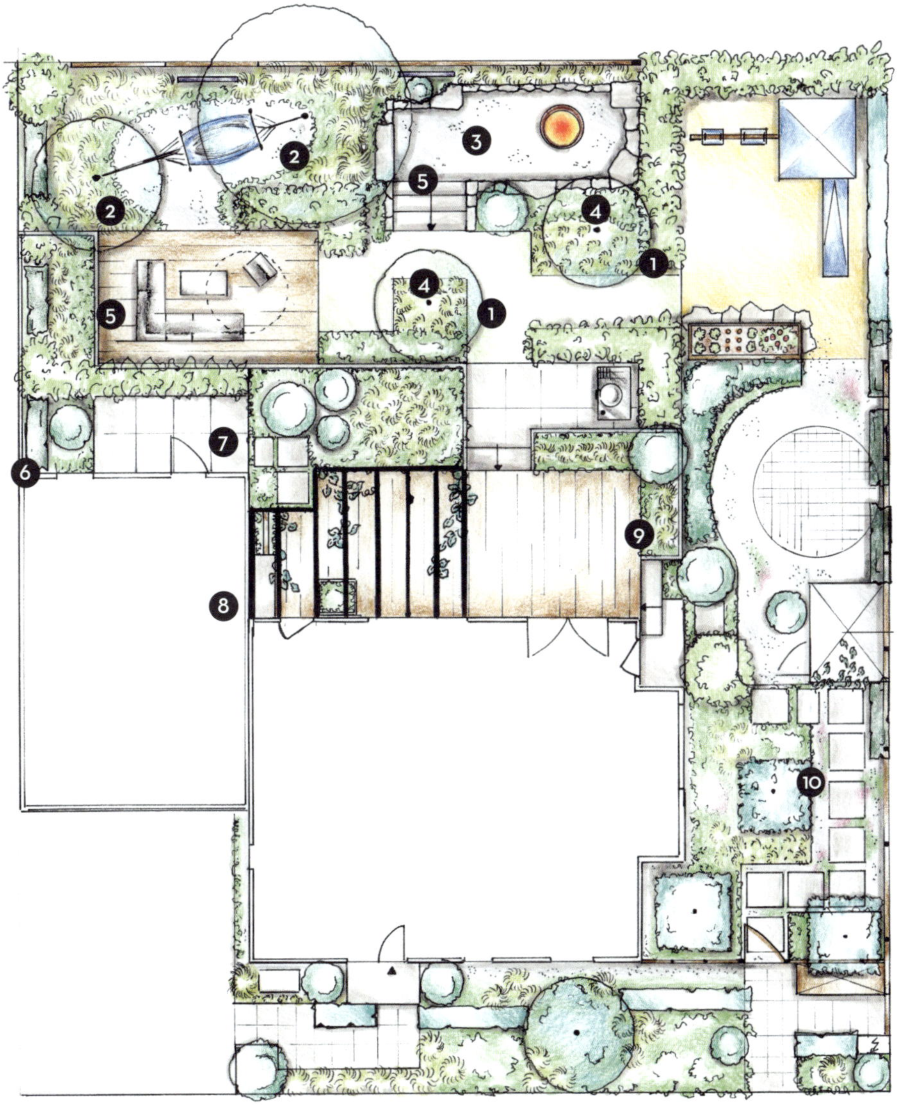

1. Durch entsprechende Formgebung entstehen neue Gartenräume.
2. *Liriodendron tulipifera* und eine Weide sorgen für ein Schattenplätzchen.
3. Eine kühlere Senke: als Feuerstelle und macht neugierig, was ist dahinten?
4. Solitärbäume als Eyecatcher unterbrechen monotone Blickachsen.
5. Höhenunterschiede schenken Räumen Autonomie, Pflanzen rahmen sie ein.
6. Spaliergehölze geben Sichtschutz und Schatten.
7. Eine Tür wird durch eine Hecke unsichtbar.
8. Eine Pergola-Überdachung spendet Schatten und Abkühlung über Kletterpflanzen.
9. Hochbeete verbinden und trennen Gartenräume gleichsam.
10. Wege verlaufen im Versatz, unterbrechen die lineare Sichtachse, beleben und vergrößern den Raum.

Sitzplätze: Pergolen, Lauben & Co

Die Notwendigkeit Schatten zu gestalten, kann den Garten in seiner optischen Wirkung stilvoll bereichern und neue, einladende Blickfänge schaffen. Funktion trifft auf individuellen Wohlfühlfaktor.

Egal, für welche Stilrichtung ihr euch entscheidet oder welche Materialvorlieben vorherrschen, Sitzplätze geben immer ein schützendes Gefühl, wenn sie als eigenständiger „Raum" wahrgenommen werden. Niedrige Blumenbeete oder ein anderer Belag geben dem Platz optisch bereits einen Rahmen und Geborgenheit. Ein gegenteiliges Gefühl der Enge würde allerdings entstehen, wenn Terrassen und Sitzplätze unmittelbar – vor allem frontal– mit hohen, dichten Hecken oder Wänden eingefriedet werden. Als rückseitiger und/oder einseitiger Schutz können sie allerdings eine angenehme Form der Privatsphäre unter freiem Himmel bewirken.

SCHATTEN IN DER SENKE

Wenn ihr einen Senkgarten als schattiges, kühles Plätzchen nutzen könnt, achtet darauf, dass die kühlere Luft auch ungehindert dort einfließen kann. Das heißt, oberhalb der Senke sind niedrige Bepflanzungen und Hochstämme, die die Senke wunderbar beschatten können, ideal und bremsen das Abfließen der Luft nicht aus. Am tiefsten Punkt wiederum kann eine Hecke oder Gehölzgruppe unterstützen, die kalte Luft anzusammeln.

SCHATTIGE SITZPLÄTZE EFFEKTIV VERBINDEN

Wege und Flächen, welche die verschiedenen Plätze miteinander verbinden, werden zu einem interessanten Erlebnis, wenn sie von Staudenbeeten gesäumt sind. Oder an dem Quellstein vorbeiführen, den man schon von der Terrasse aus durch leises Plätschern wahrgenommen hat.
Durchbrecht lange Wege auch mal bewusst! Auf ein niedriges Hochbeet mit malerischem Kleinbaum zuzulaufen und drum herumgeführt zu werden, birgt mehr Erlebnis und freudige Erwartung, als direkt zu wissen, was sich am Ende befindet. Eher stark betont wird ein Weg durch einen bewachsenen Laubengang. Er wirkt besonders einladend, wenn der Laubengang im Versatz positio-

1

2

3

niert, also nur einen kleinen Ausschnitt in den nächsten Gartenbereich preisgibt. Bereits ein bis drei Pergola-Elemente als Laubengang in kleinen Gärten können interessante Sichtachsen schaffen und Spannung erzeugen.

Größere bauliche Elemente wie ein Pavillon oder eine Loggia fügen sich gut weiter hinten im Garten ein. So muss man vielleicht erstmal ein kleines „Wäldchen" durchqueren oder eine Staudeninsel, um zu diesem Ort zu gelangen. Dies entzerrt nicht nur die massive Wirkung von Bauwerken, sondern eröffnet in einem Garten gleich mehrere und unterschiedliche Perspektiven, je nachdem wo man sich gerade aufhält.

VIELFÄLTIGE SITZPLÄTZE

Sitzplätze im Garten übernehmen verschiedene Funktionen. Neben der Terrasse direkt am Haus, die ganz klar der Ort der Geselligkeit ist und zudem meist nah an der Quelle von Speisen und Getränken, eröffnen sich immer mehr Facetten des

1. Geschützter Ort mit Pavillon auf der Sichtachse in die freie Landschaft

2. Rückwärtig begrünte Elemente schaffen Geborgenheit.

3. Kleines Refugium optisch durch eine Pergola mit Blauregen abgegrenzt

1

1. Holzelemente spenden Schatten und Privatsphäre direkt am Haus.

2. Aufenthaltsort unter Lindenspalieren, großzügig im Garten integriert

3. Diverse Ebenen erzeugen Weite und bieten viele Optionen der Nutzung.

3

Verweilens, die mittlerweile auch gerne im Freien erlebt werden. Jedoch am liebsten nicht der prallen Mittagssonne ausgesetzt, sondern entweder von ihr abgeschirmt oder direkt so positioniert, dass sie dort gar nicht erst hingelangt! Das Auslagern weiterer Sitzplätze spielt auch der ausgewogenen Gartengestaltung in die Hände. Es entstehen durch die neuen Aufenthaltsbereiche nicht nur neue „Räume“, Sichtachsen und Blickfänge, sondern es ermöglicht uns, den Garten aus unterschiedlichen Perspektiven zu betrachten und macht ihn zu einem Ort des Erlebens. Plätze harmonisch zueinander auf der gesamten Gartenfläche anzuordnen, schenkt uns neben mehr Optionen den Schatten zu installieren, auch ein Gefühl von Großzügigkeit und Weite. Jedoch unter der Voraussetzung, dass nicht alles unmittelbar in der Nähe des Hauses auf engstem Raum postiert wird.

Vor allem eigenständige kleine Gartenhäuser, Loggias oder Saunaberei-

2

che wirken in einem anderen Teil des Gartens besser inszeniert.
Da man sich im Allgemeinen eher häufiger auf einer Lounge ausruht oder mal den Grill anschmeißt, als dass man Stockbrot über einer Feuerstelle zubereitet, orientiert sich die Distanz von Aufenthaltsorten zum Wohnhaus und untereinander schon an deren Funktion, die sie übernehmen.

Nah am Haus

In Hausnähe möchten wir nicht nur essen und trinken, sondern mit allem Notwenigen in Reichweite auch mal gemütlich sitzen. Um diesem Ort seine Autonomie und Abgrenzung zu geben, reichen oft schon optische Barrieren wie (Hoch-)Beete oder die Integration eines Kleinbaums zwischen Terrasse und Lounge. Häufig kann ein Höhenversatz ausgenutzt werden, um die Lounge über eine Stufe auf eine eigenständige Ebene zu setzen. Auch hier können Hochbeete die Höhen abfangen, den Plätzen einerseits ihren Rahmen geben, sie dadurch aber einheitlich verbinden und Sichtachsen von dem einen in den anderen Bereich stilvoll unterbrechen.
Das Prinzip, die Sitzbereiche mit leichtem Versatz zueinander oder in unterschiedlichen Höhen anzuordnen und ergänzend mit gemeinsamen Trennelementen (Hochbeete, Spalierwände, Hecken) zuarbeiten, lässt sich im restlichen Garten fortführen und ebenso auf einen kleinen Grill- oder Outdoorküchenbereich anwenden.

Aber bitte mit Schatten

Immer mehr Menschen wünschen sich eine Überdachung, denn immer noch werden viele Terrassen mit Richtung Südwest geplant. In vergangenen Jahren war die Wärme des Sommers mehr als willkommen. Doch aus Wärme wurden Hitzeperioden, die nun ihren Höhepunkt am Tag ab der Nachmittagszeit erreichen. Favorisierte Überdachungen sind natürliche Laubdächer, ob als Baum oder berankte Pergola, um zusätzlich zum Schatten die Umgebungsluft zu kühlen und Luftzirkulation zu ermöglichen. Nah am Haus ist dies nicht immer umsetzbar. Trotzdem kann man es der Thermik erschweren, indem man zum Beispiel einen hellen Bodenbelag wählt anstelle eines dunklen, welcher sich stärker aufheizt und nachts viel Wärme abgibt. Eine „grüne Wand“ ist ebenfalls die bessere Wahl, als eine Mauer als Sichtschutz, denn so kann Luftaustausch besser stattfinden.
Über eine Teilpergola kann der Schatten in den nächsten Aufenthaltsort „mitziehen“ und Räume verbinden.

Tipp

Vermeidet zu viel Flächenversiegelung. Ein Belag aus Perlkies ist nicht nur optisch ein Highlight, sondern auch barfuß begehbar.

Solitärbäume und schlanke Gruppengehölze

Beliebt und unersetzbar: der natürliche Schatten der Bäume! Geben wir ihnen Platz, so erhalten wir einen besonderen Ort mit weitaus mehr Vorzügen als „nur" einem natürlichen Sonnenschirm aus Blättern.

Beim Ausüben meines „grünen Berufs" spüre ich seitens der Kunden wieder mehr Wertschätzung dem Baum gegenüber als noch vor ein paar Jahren und werde zu meiner großen Freude weitaus öfter gebeten, viele Bäume einzuplanen. Manch verständliche Angst vor der Endhöhe des Baumes kann durch die richtige Wahl ausgeräumt werden. Also mit einem Wuchsverhalten, das für die verfügbare Fläche geeignet ist. Argumente gegen eine Baumpflanzung wie: „So ein Baum macht ja nur Dreck.", machen mich eher betroffen und kommt einem Affront gleich, wenn man bedenkt, wie viele Tonnen menschlich verursachter Emission Bäume kompensieren. Oder, dass wir es sind, die es geschafft haben, jeden Winkel der Erde für alle Zeiten zu vermüllen. Glücklicherweise ist ein spürbarer Rückgang dieser Haltung festzustellen, und der Blick auf all die Vorteile eines Baumes überwiegt zunehmend.

MEHR ALS SCHATTEN – DER MEHRWERT EINES BAUMES

Aus dem Wohnzimmer auch im Winter noch ein Hingucker, übernehmen Bäume und Gehölze gestalterischen Wert. In ihrer Funktion Schatten zu spenden, bringen sie aber automatisch noch mehr mit:

- Absorption von Schadstoffen aus der Luft und Abgabe von sauberem Sauerstoff
- Drainierung und Festigung des Erdreichs durch das Wurzelwerk
- Kühlen der Umgebungstemperatur durch Transpiration der Blätter
- Luftbewegungen sind möglich und angestaute Wärme kann fortgetragen werden
- Sonnenschutz auch für andere Pflanzen, die es kühler und schattiger mögen
- Bildung attraktiven Sichtschutzes
- Lebensraum für viele Tiere und Insekten
- Windschutz
- automatische Produktion von Dauerhumus durch Laubfall
- Schutz vor zu viel Wintersonne für empfindliche Pflanzen
- Beobachtung von malerischen Licht- und Schattenspielen unter der Krone
- Die Musik des Windes über das Rauschen der Blätter genießen.

1

1. Nicht nur eine Augenweide, Bäume sind wichtige Lebensräume für viele Lebewesen.

2. Ebenso unabdingbar sind Bäume für ein gesundes Klima und ebenso einzigartig ist das Ambiente, das sie erschaffen.

2

Sicher fallen jedem Leser noch mehr Vorzüge grüner Schattenspender ein. Und so individuell wie wir sie wahrnehmen, so individuell sind die Bäume bezüglich ihres Wuchshabitus und ihren Bedürfnissen an den Standort.
Prüft auch hier die Boden-, Licht- und Witterungsverhältnisse, um eine dafür passende Baumart ausfindig machen zu können. Achtet ebenso auf den typischen Kronenaufbau, um den von euch favorisierten Schattenwurf und Gestaltungseffekt zu erhalten.

Tipp
Für kleine Gärten eignen sich Kleinbäume wie Judasbaum, Säulenformen oder Spaliere.

GESTALTERISCHER EINSATZ

Die Wuchsform der Baumkrone hat Einfluss auf die Gartengestaltung. So unterstreichen schlanke, säulenförmig wachsende Gehölze oder Spalierformen eher eine formelle Stilrichtung. Vertikal, streng aufstrebend betonen sie hervorragend Endpunkte von Sichtachsen oder geben einer Staudenlandschaft räumliche Struktur. Rund, trichterförmig und pyramidal wachsende Baumkronen wirken in einem formellen Garten als Eyecatcher, der die Gradlinigkeit sanft umspielt. Wohingegen sie einem Garten mit geschwungener Linienführung der gewollten Natürlichkeit noch mehr Aufwind geben.
Eine harmonische Dynamik wird durch den gezielten Einsatz von Gegensätzen erreicht. Beispielsweise vermitteln Gruppen von Säulen-Hainbuchen innerhalb einer naturnahen Staudenpflanzung Ruhe und Rhythmus. Andererseits verleiht ein skurril wachsender Birnbaum einem Garten mit strenger Architektur wieder mehr Natürlichkeit und Spannung.

WAS ES GRUNDSÄTZLICH ZU BEACHTEN GILT

Mit wenigen Tricks schaffen wir beste Voraussetzungen für eine lange, schöne und gesunde Standhaftigkeit unserer Bäume im Garten.

Genug Wurzelraum

Genauso wie Staunässe vermieden werden muss, sollten zu enge Wurzelräume gemieden werden. Die Baumgesundheit lebt von einem ausgewogenen Verhältnis zwischen ober- und unterirdischer Masse. Haben die Wurzeln zu wenig Raum sich zu entwickeln, um Wasser- und Nährstoffe aufzunehmen, hat auch bald die Krone ein Versorgungsproblem. Bei Stadtbäumen ist das leider häufig zu sehen.

Alte Bäume erhalten und Lebensräume gestalten – mit ein paar Grundregeln nachhaltig umsetzbar

Bald wird diese Dachplatane mittags für Schatten sorgen.

Das natürliche Wurzelgeflecht eines Baumes ist mindestens so breit wie der Durchmesser der Kronentraufe, meist breiter. Mit Blick auf eine gute Wachstumsentwicklung des Baumes, ist je nach Baumart eine ausreichend große Pflanzfläche eine Bedingung für nachhaltigen Erfolg. Vor allem, wenn es um baulich begrenzte Räume wie Hochbeete geht, hat der benötigte Wurzelraum Priorität.
Absolut empfehlenswert ist die Unterstützung eines fachkundigen Gartenbaubetriebs, wenn Dachspaliere als Schattenspender direkt in die Terrasse gepflanzt werden sollen. Ein versierter Gärtner hat den nötigen Wurzelraum, Bodenbelüftung, Wege der Wasserzufuhr und zukünftiges Dickenwachstum des Stamms schon vor der Umsetzung im Blick.

Bestandsbäume nicht anmulchen!

Es gibt kaum etwas Schöneres, als unter einem ausgewachsenen Baum einen kleinen Rückzugsort zu erschaffen. Eine behutsame Umsetzung ist hier gefragt, denn alte Bäume reagieren mit teils fatalen Folgen bis hin zum kompletten Absterben, auf Anschüttung von Erde oder anderem Schüttmaterial innerhalb ihres Wurzelbereichs. Generell ist dieser empfindlich und schützenswert. Das heißt, jegliche Art von Belag sollte nur „hauchzart", ca. 2 cm dick, aufgebracht werden. Dabei sichtbare Wurzelanläufe und Standwurzeln aussparen, damit sie weiter „atmen" können.
Als Sitzflächenbelag bieten sich drainfähige Materialien an, wie feiner Mulch oder Kies, besser noch sind begehbare Bodendecker wie Stermoos *(Sagina subulata)*. Sie alle greifen nicht nachteilig in das vorhandene Bodenleben sowie den Wasser- und Lufthaushalt ein. Wer braunen Mulch verwendet, streut vorab etwas Hornspäne auf die Fläche, um Stickstoffkonkurrenz zu vermeiden.
Auf das Setzen von Fundamenten, sprich Ab- und Ausgrabungen, sollte im Wurzelbereich verzichtet werden.

Die standortgerechte Auswahl des Baums berücksichtigt neben dem Boden natürlich auch den Umstand, dass er als Schattenspender fungierend wiederum die Sonne und vorübergehende Trockenperioden vertragen muss, um vor Hitze zu schützen.

Bewusster Rasen

Grüne Flächen im Garten sind der ruhige Gegenspieler zu dynamisch gestalteten Gartenbereichen, geben dem Auge Ruhe, den Kindern eine Spielfläche und machen auch als „Belag" von Sitzbereichen eine gute Figur. Aber muss es immer ein pflegeintensiver Rasen ein?

Immer noch wird der hohe Pflegeaufwand von Rasenflächen vom Frühjahr bis zum Herbst wie selbstverständlich in Kauf genommen, während die Pflege von Staudenbeeten immer noch gründlich hinterfragt wird. Zum Vergleich: eine gut geplante Staudengesellschaft hat im eingewachsenen Zustand einen Pflegebedarf von ca. zwei bis vier Pflegegängen im Jahr (!), bei einem Rasen sind es locker um die 20, um seinen gewünschten Zustand zu erhalten. Hinzu kommt der hohe Wasserbedarf, den ein Rasen mit sich bringt. In Zeiten des Klimawandels ist es sozial und ökologisch nicht mehr vertretbar, in den Sommermonaten kubikmeterweise kostbares Trinkwasser einzig für einen schönen Anblick zu verschwenden. Auch hier sieht es bei den Stauden sparsamer aus. Bewusst nach dem Kriterium ausgewählt, vorübergehende Trockenheit meistern zu können und standortgerecht gepflanzt, überstehen sie gut etabliert die Sommerhitze ohne nennenswerte Wassergaben meist unbeschadet.

ALTERNATIVES RASEN-GRÜN

Grüne und begehbare Flächen sind auch mit Stauden und ihren genannten Vorteilen möglich. Zunächst entscheiden geforderte Belastbarkeit und Standort der Fläche über die konkrete Wahl der Pflanzen.

– Wird eine hohe Strapazierfähigkeit benötigt, häufiges Begehen oder Fußball spielen, wäre z. B. die Teppichverbene 'Summer-Pearls' *(Phyla nodiflora)* oder Mikroklee eine gute Option, wobei Erstere eine höhere Trockentoleranz besitzt. Sie mögen die Sonne und einen eher mageren, gut drainierten Boden. Einen solchen Standort bevorzugen ebenso Rasenkamille, Bruchkraut oder Kriechendes Bohnenkraut, während sie zwar trittfest, aber nicht für stärkere Belastungen wie sportliche Aktivitäten geeignet sind.

– Grünflächen, die keine Spielfunktionen übernehmen und seltener betreten werden, können auf eine noch größere Auswahl an Bodendeckern für vielerlei Standortbedingungen zurückgreifen.

Tipp

Rasen durch Stauden zu ersetzen, birgt ökologischen sowie wirtschaftlichen Gewinn.

1. Mikroklee ist eine robuste Alternative zu Rasen. Zwei bis drei Schnitte im Jahr reichen aus.

2. Auch Fugen können durch Rasenersatzpflanzen apart begrünt werden.

3. Unkompliziert und wintergrün ist der Teppich-Thymian.

1

2

– Entscheiden wir uns für weniger trittfeste Bodendecker, wirken Trittplatten zeitlos und modern, welche uns durch den grünen Rasenersatz führen und manchmal mit Duft und Blüten betören können, wie es bei Teppich-Poleiminze und Sand-Thymian der Fall ist.
– Im Halbschatten und Schatten fühlen sich Gefleckte Taubnessel *(Lamium maculatum)*, Kleiner Schlangenbart (*Ophiopogon japonicus* 'Minor'), Brauner Streifenfarn *(Asplenium trichomanes)* und Lilientraube *(Liriope muscari)* sehr wohl. Das entzückende Sternmoos *(Sagina subulata)* kann bei ausreichender Bodenfeuchte auch mehr Sonnenstunden vertragen. Ebenso der schöne Bubikopf *(Isotoma fluviatilis)*, der allerdings neben den vorher genannten Schattenkünstlern nicht wintergrün ist.

Generell stehen Staudenflächen den Eigenschaften eines Rasens in nichts nach, reduzieren den Pflegeaufwand sogar um 60 %. Dies entwickelt sich sukzessiv, während die Pflanzen die Fläche in ihrer Dichte mehr und mehr erobern und nach der Etablierung als pflegeleicht bezeichnet werden können.
Wie bei jeder Neupflanzung, begünstigen Standortanalyse, dementsprechende Bodenvorbereitung und die Begleitung der Pflanze – wie wässern, Konkurrenzaufwuchs entfernen, Schnitt und Düngung – das Erzielen eines pflegereduzierten Zustands.

3

BODENDECKER ALS RASENERSATZ

Wer die Rasenfläche in eine begehbare Staudenfläche umwandeln möchte, ermittelt zuerst die erforderliche Trittbelastung, um sich an der Robustheit der Pflanzen zu orientieren. Wer zusätzlich Trittplatten verlegt, kann hinsichtlich Trittfestigkeit entspannter sein und hat mehr Auswahloptionen.

Name	Höhe in cm	Blüte	Besonderheit	Verwendung
Für sonnige Bereiche				
Römische Kamille *Chamaemelum nobile*	15–20	weiß, Juni–Juli	Duft, Insektenweide, wintergrün	Rasenersatz für moderates Betreten
Teppichverbene *Phyla nodiflora*	3–4	hellrosa, Juli–August	Duft, Insektenweide, immergrün	Rasenersatz auch für starke Belastung, Winterschutz notwendig
Mikroklee/ Zwergklee 'Pipolina', 'Pirouette' und 'Euromic'	variiert je nach Sorte und Anzahl an Mähgängen	weiß, Blühwilligkeit gering bei wöchentlichem Schnitt	Kriechsprosse halten mehr Wasser als Rasen, somit trockentoleranter; immergrün	Rasenersatz für Sport- und Spielrasen, auch im Halbschatten
Kahles Bruchkraut *Herniaria glabra*	5	unscheinbar	regeneriert nach strengen Wintern nach einem Mähgang schnell; immergrün	Rasenersatz für moderates Betreten, auch für Halbschatten; anspruchslos
Kriechendes Bohnenkraut *Satureja spicigera*	10–15	weiß, August–Oktober	Insektenweide, wintergrün	bedingt trittfest, begehbar, Flächen- und Fugenbepflanzung
Sand-Thymian *Thymus serpyllum*	5–10	rosa, Juni–August	Insektenweide, heimisch, wintergrün	bedingt trittfest, begehbar, Flächen- und Fugenbepflanzung
Für Halbschatten bis Schatten				
Sternmoos *Sagina subulata*	3–5	weiß, Juni–August	verträgt Sonnenstunden sowie lichten Schatten auf frischem Boden; immergrün	bedingt trittfest, begehbar, Fugenbepflanzung, Gehölzunterpflanzung
Blauer Bubikopf *Isotoma fluviatilis*	5–10	blau, Juli–August	verträgt Sonnenstunden sowie lichten Schatten auf frischem Boden, immergrün bis -20 °C	als Rasenersatz moderat begehbar, Unterpflanzungen, Fugenbepflanzung

Name	Höhe in cm	Blüte	Besonderheit	Verwendung
Brauner Streifen-farn *Asplenium trichomanes*	10–20	Blattschmuck	wintergrün, Überlebens-künstler	trittfest als Füller von Wegefugen
Kleiner Schlangenbart *Ophiopogon japonicus* 'Minor'	5–10	hellviolett, Juli–August	toleriert vorübergehend Trockenheit, Boden sollte sauer sein, Fruchtschmuck, wintergrün	moderat begehbar, Gehölzrand- und Unterpflanzung
Schnecken-Knöterich *Bistorta affinis* 'Superba'	5–25	rosa-weiß, Juli–September	hohe Standorttoleranz, laubabwerfend	großflächig einsetzbar, Fugenbepflanzung
Kriechende Poleiminze *Mentha pulegium* 'Repens'	5–20	blasslila, Juni–Juli	Insektenweide, feuchter Boden, wintergrün, nicht zum Verzehr geeignet!	für Duftpfade oder Staudenunterpflanzung
Gefleckte Taubnessel *Lamium maculatum*	15	in Rosa ('Pink Pewter') oder Weiß ('White Nancy'), Mai–Juni	Insektenweide, trockene und frische Böden, wintergrün	nicht trittfest, aber bestens als Füller von Wegefugen und kleinen Flächen

Eine flächige Bepflanzung zwischen Trittplatten mit Sternmoos und Lilientraube im lichten Schatten. Komposterde, Perlite, Sand und organischer Dünger wurden in diesem eher lehmigen Boden als Verbesserungssubstrate eingesetzt. Haltet weiterhin die Fläche frei von Beikräutern bis die Stauden zu einer dichten Matte herangewachsen sind.

Neupflanzung von Matten bildenden Bodendeckern mit adäquater Trittfestigkeit zwischen Wegeplatten. In diesem sonnigen Bereich des Gartens fühlen sich Sand-Thymian, Wollziest 'Silky Fleece' und das Spanische Gänseblümchen sehr wohl. Die lehmige Bodenstruktur wurde mit grobkörnigem Sand und Lavagranulat drainagefähig gemacht. Auf organische Substrate wurde vorerst für die lieber mager stehenden Pflanzen verzichtet.

Schattige Spielplätze für Kinder

Für Kinder ist es wichtig, im Freien zu spielen, zu toben und die Welt zu erforschen. Mit guter Kleidung geht das auch im Regen oder Schnee. Aber wie geht es bei steigender UV-Belastung – weiterhin genauso unbeschwert?

Schon früher hat mich meine Mutter im Sommer regelmäßig mit Sonnencreme eingeschmiert und nur mit Sonnenhut ging es vor die Tür, wofür ich ihr jetzt sehr dankbar bin. Diese Regeln sind heute mittlerweile jedem in Fleisch und Blut übergegangen. Und die Aufklärung über die Gesundheitsrisiken, die intensive und lange Sonnenbäder mit sich bringen, sind allgegenwärtig.
Doch reichen heute noch Sonnencreme und Hut? Die Sonneneinstrahlung, sprich die UV-Belastung, wird seit vielen Jahren intensiver und drängt uns, während einer Hitzeperiode einen Alltagsrhythmus anzunehmen, den wir sonst nur aus Ländern des Mittelmeerraums kannten. Der Aufenthalt draußen zur Mittags- und Nachmittagszeit ist oft einfach zu heiß und zu anstrengend für den Organismus. Wir suchen Schatten oder verweilen zu dieser Tageszeit lieber im Haus. Und die Kinder? Auch wenn eine Mittagspause meist angenommen wird, irgendwann möchten sie eben doch raus, wie bei Regen und Schnee. Der Aufenthalt im Schatten kommt heutzutage als weiterer dringender Sonnenschutz zu den Üblichen hinzu, damit das Spielen im Freien so unbeschwert bleibt, wie wir es noch aus unserer Kindheit kennen.
Je nachdem, was der Garten an Schattenoptionen bietet, können Spielbereiche der Mittagssonne abgewandt geplant werden. Nutzen wir also die Gunst der bestehenden Möglichkeiten und verteilen den Spielbereich auf unterschiedliche Standorte, wandern quasi mit dem Schatten.

VORHANDENE BÄUME NUTZEN

Einen großen Vorteil hat derjenige, der schon einen ausgewachsenen Baum oder eine Baumgruppe in seinem Garten hat. Nichts bietet sich da mehr an, als den grünen Schatten direkt als naturnahen Spielplatz mit Kletterfelsen, Matschküche oder einer Schaukel im Baum zu nutzen. Wer solch einen Schattenplatz gerade erst angepflanzt hat,

1

Spaß ohne Sonnenbrand

2

3

kann den Übergang bis zum herangewachsenen Laubdach mit einem Sonnensegel oder einem berankten, kleinen Dach über dem Sandkasten überbrücken.

SCHATTEN DURCH HECKEN UND VORHANDENE GEBÄUDE

Wer Fläche braucht, um Fußball zu spielen, kann diese auch im Gebäudeschatten oder im Schatten einer hohen Ost-West-Hecke planen. Das Anpflanzen von Gehölzgruppen aus hohen Sträuchern in Richtung Süden hilft oft schon ungemein, kleinere Bereiche mittags zu beschatten.

GEBÄUDESCHATTEN MIT PERGOLA ERWEITERN

Die Ostseite eines Hauses hat häufig Potenzial, den vorhandenen Schatten über eine weiterführende Pergola zu verlängern. In diese Pergola-Konstruktion können direkt Schaukeln oder Kletterwände integriert werden.

1. Schatten und Schaukelspaß vereint diese Pergola-Konstruktion.

2. Große Bestandsbäume bieten mit das beste Schattenpotenzial.

3. Schnellen Schatten erhält man mit wüchsigen Kletterpflanzen.

1

2

1. Zuverlässiger Schatten unter einem Bestandsbaum ruft nach einer Schaukel.

2. Ein Trampolin kann „Platzhalter“ für einen späteren Sitzplatz sein.

3. Höhenunterschiede wurden gekonnt ausgenutzt

SPIELMÖGLICHKEITEN UNTERSCHIEDLICH PLATZIEREN

So verschieden die Bedürfnisse der Pflanzen, so auch des Menschen. Allein Geschwister streben nicht immer nach der gleichen Aktivität, was die Ausgestaltung von Spielbereichen noch interessanter macht. Gewünscht sind beispielsweise ein Trampolin, Schaukeln und ein Spielhaus mit Rutsche. Eine Entzerrung dieser Geräte durch unterschiedliche Positionierung im Garten oder Integration von auflockernden Gehölzgruppen dient nicht nur dazu, dem Schatten im Garten zu folgen, sondern lässt das Ensemble optisch auch nicht wie einen gewöhnlichen Spielplatz wirken. Überlegt, wo Wege verlaufen, die am meisten von der Familie frequentiert werden, wo sich die Gartenbereiche befinden, die gerne zum Spielen von den Kindern genutzt werden. Aus dem Gestaltungskapitel kennen wir die Inszenierung diverser Blickachsen, um dem Garten mehr Spannung und dem Gartengenießer mehr Neugier und Erlebnisreichtum zu verschaffen. Auch Spielgeräte- und bereiche lassen sich in dieses Gestaltungsprinzip einbetten. Highlights wie malerische Gehölze, prächtige Staudenbeete oder attraktive Laubengänge, die Gartenbereiche einerseits einrahmen und andererseits voneinander trennen, können nicht nur zum nächsten Sitzplatz führen, sondern auch Spielbereiche beherbergen.

Im hinteren Gartenbereich

Massive Geräte wie das Trampolin und der Spielturm wirken weniger

Spielen erwünscht

3

dominant, wenn sie im hinteren Drittel des Gartens stehen. Dort befinden sich auch häufig die größeren Bäume, die den nötigen Schatten spenden. Gerne plane ich hier die Nähe zu einem Naschgarten ein. Er schenkt Kindern wertvolle Naturerlebnisse. Als ein Element der Raumaufteilung im Garten rahmt er den Spielbereich partiell ein und stellt gleichsam einen Bezug zum benachbarten Gartenbereich her, wodurch beide eine autonome Atmosphäre erhalten.

Im vorderen Gartenbereich

Filigrane Geräte wie Schaukeln, Kletterwände o. Ä. lassen sich wunderbar im vorderen Gartenbereich integrieren. Hier gibt es vielleicht eine schattige Grenzmauer oder eine Terrassenüberdachung, die geschickt mit eingebunden werden können. Wie wäre es mit einer Kletterwand an solch einer Mauer, von der sich ein bis drei Pergola-Elemente unauffällig mit der Terrassenüberdachung verbinden und zum Schaukeln unter einem rankenden Blätterdach einladen?
Mit meinen Kunden überlege ich auch immer, wie diese Bereiche später genutzt oder umgestaltet werden können, wenn die Kinder sie nicht mehr brauchen. So ist der Trampolinplatz beispielsweise ein attraktiver Ort für einen späteren Senkgarten. Aus der Teilpergola mit Schaukel wird eines Tages ein kleiner Lounge-Bereich, inklusive Hängesessel an der Mauer. Sandkästen werden zu Staudenbeeten oder zu Gemüsehochbeeten umfunktioniert. So spiegelt sich auch der Wandel unseres Lebens im Garten wieder.

Ein Spielbereich muss nicht zwangsläufig alle Spieloptionen beherbergen, sondern Spielmöglichkeiten können auch auf verschiedene Bereiche verteilt geplant werden. Angelehnt an den Umstand, wo Bereiche zu unterschiedlichen Tageszeiten im vorhandenen oder neu gepflanzten Schatten liegen.

Beetkonzepte mit Gräsern und Stauden

Nichts schützt den Boden und die Umgebungsluft besser vor starker Erwärmung als die wundervollen Wesen der Pflanzenwelt. Laden wir sie in unsere Gärten ein, genießen ihre anmutige Vielfalt und geben verschiedenen Lebensbereichen ein Gesicht.

Wenn wir uns den Schatten in den Garten holen, ob durch Bäume, Hecken und Sträucher oder überdachte Sitzplätze, lassen wir auch neue Lebensbereiche entstehen. Von Sonne über Halbschatten bis Schatten sind meist alle vertreten, sogar manchmal im Wechsel innerhalb weniger Meter. Ein gutes Beispiel dafür ist die Traufe eines Baumes. Wo in Stammnähe noch lichte Schattenverhältnisse herrschen, liegt außerhalb des Radius der Krone häufig abrupt ein überwiegend sonniger Bereich. Tolerante Übergangskünstler, Schatten- und Sonnenstauden sind dann auf überschaubarem Raum gleichzeitig zu finden. Details der Lichtverhältnisse zu beobachten hilft uns, die passenden Pflanzen zu wählen und gegebenenfalls die richtigen Bodenverbesserungsmaßnahmen zu ergreifen.

DIE NATUR MÖCHTE SICH IMMER BESIEDELN

Der Kampf gegen (Un-)kräuter ist deshalb schon zwecklos, weil die Natur brache Flächen sowieso als Siedlungsraum versteht. Das ist auch gut so, denn würden Brachflächen nicht mehr besiedelt werden, gäbe es fortlaufend Bodenerosionen durch Wasser und Wind, ungebremste Witterungseinflüsse würden die Bodengare nachhaltig schädigen, somit auch die Fruchtbarkeit. Vegetation bedeutet Bodenschutz. Nutzen wir lieber dieses Prinzip der Natur und pflanzen furchtlos einen dichten Aufwuchs, anstatt uns mit Jäten großer Beetlücken permanent die Nerven kaputt zu machen. Hinzu kommt, dass eine geschlossene Decke aus Stauden die Temperaturschwankungen des Bodens nachweislich reguliert und sich gegenseitig beschattet, zudem wird das Wachstum unerwünschter Beikräuter unterdrückt.

WUCHSVERHALTEN UND ANDERE EIGENSCHAFTEN

Lasst euch nicht nur von der Blüte zum Pflanzenkauf verführen. Stauden und Gräser bringen noch weitere großartige Eigenschaften mit. Einige sind immer- oder wintergrün und bereichern den Garten im Winter mit stabilen und schönen Samenständen, wie Astern und viele Gräser. Sie bringen auch zu dieser Jahreszeit Struktur ins Beet. Blühzeiten sind verschieden, wählt beim Kauf deshalb

auch Pflanzen, die nicht gerade blühen, sondern zu anderen Jahreszeiten. So lässt sich der Blühaspekt im Garten verlängern.
Für die Anordnung im Beet ist das Wuchsverhalten der Pflanzen wesentlich zu beachten. Wie hoch und breit werden sie? Wachsen sie straff aufrecht oder eher überhängend? Das gibt Auskunft über den nötigen Abstand zu den jeweiligen Nachbarpflanzen und ihrer gestalterischen Verwendung (siehe Kasten).

Die Trauben-Silberkerze 'Brunette' beeindruckt, wenn viele Stauden bereits verblüht sind.

VERWENDUNG VON STAUDEN IM BEET

Funktion	Merkmale	Anordnung im Beet	Beispiele für Halbschatten und Schatten
Leitstauden/ Gerüstbilder	sehr hoch, bis zu 200 cm, markanter Eyecatcher, lange attraktiv	Gerüstbilder im Hintergrund, wiederholend als Solitär oder in 3er Gruppen	Garten-Reitgras, Trauben-Silberkerze, Bergknöterich
Begleitstauden	mittlere Höhe, 50–60 cm, einige remontieren (2. Blüte nach Rückschnitt)	3–10 pro Gruppe, unterstützen die Wirkung der Leitstauden, inszenieren die Blühabfolge	Brauner Storchschnabel, Kaukasus-Vergissmeinnicht, Glockenblumen, Weiße Waldaster, Große Sterndolde, Schnee-Marbel, Rasen-Schmiele
Füllstauden	Polsterstauden, Bodendecker bis ca. 40 cm	füllen die Zwischenräume, verbinden die Gruppen, schöner Abschluss im Beetvordergrund	Lilientraube, Schnecken-Knöterich, Rote Elfenblume, Goldnessel, Große Sternmiere
Streupflanzen	Zwiebel- und Knollengewächse	werden locker auf der Fläche verteilt, wichtig für zeitige Blüten im Frühjahr	Busch-Windröschen, Hasenglöckchen, Engelstränen-Narzisse, Glöckchen-Lauch

„FAULHEIT“ WIRD MIT VIELFALT BELOHNT

Stauden genießen anstelle von Rasenmähen, samenlose Beikräuter nach dem Jäten direkt an Ort und Stelle verrotten lassen, robuste Wildstauden und insektenfreundliche Pflanzen verwenden, Herbstrückschnitt streichen und in den Frühjahrsschnitt packen, diesen direkt als Mulch für das Beet verwenden. All das erspart einem nicht nur viele Arbeitsschritte, sondern begünstigt Biodiversität im eigenen Garten, welche nicht nur den Tieren und Insekten zugutekommt, sondern letztlich auch uns in Form einer gesunden Existenzbasis.

TROCKENEN SCHATTEN BEPFLANZEN

Trockenen Schatten unter Bäumen zu bepflanzen, wird oft als die größte Herausforderung empfunden. Lichtmangel oder wechselnder Lichteinfall und teils stark durchwurzelter Boden machen es den meisten Stauden schwer, sich zu etablieren. Trotzdem wollen wir es an diesem Sitzplatz unterm Baum schön haben. Definitiv ein Job für die Experten unter den Pflanzen. Kann der Schattenspender noch ausgesucht werden, rate ich von Flachwurzlern wie Koniferen oder Kiefern ab. Ihr Wurzelsystem beansprucht Wasser und Nährstoffe des oberen Bodenhorizonts gänzlich allein. Herz- oder Tiefwurzler sind da eine bessere Wahl (siehe auch S. 93, 112).

Einen Bestandsbaum zu unterpflanzen bedeutet, die nicht durchwurzelten Bereiche ausfindig zu machen und vorsichtig zu lockern. Stauden, die solche Bereiche besiedeln können, freuen sich über die Zugabe von Laubhumus und Laub. Was der Baum so hergibt, kann getrost liegen bleiben. Vom Übermulchen sichtbarer Baumwurzeln hatte ich ja bereits hinsichtlich der Baumgesundheit abgeraten.

Da die folgenden Expertenpflanzen meist einen nährstoffreichen Boden bevorzugen, ist eine organische Düngergabe mit etwas Lauberde im Frühjahr ideal.

Eine Baumscheibe grün gestalten

Attraktive Eyecatcher: Nesselkönig *(Lamium orvala)*, Brauner Storchschnabel *(Geranium phaeum)*, Schnee-Marbel *(Luzula nivea)*, Kaukasus-

Genialste Gestalterin bleibt die Natur – Federgras hat sich selbständig zum Bodendecker gesellt.

Vergissmeinnicht *(Brunnera macrophylla)*, Bergenie *(Bergenia cordifolia)*, Strauß-Margerite *(Tanacetum corymbosum)*, Schnecken-Knöterich (*Bistorta affinis* 'Superba'), Herzblatt-Aster (*Aster* × *herveyi* 'Twilight'), Zwerg-Wild-Aster (*Aster ageratoides* var. *adustus* 'Nanus'), Berg-Reitgras *(Calamagrostis varia)*, Kleine Wald-Schmiele (*Deschampsia cespitosa* 'Palava')

Für wintergrüne Aspekte: Gruppen aus Stauden wie Flaumige Elfenblume *(Epimedium pubigerum)*, Gefleckte Taubnessel *(Lamium maculatum)*, Mandelblättrige Wolfsmilch *(Euphorbia amygdaloides)*, Schaumblüte *(Tiarella cordifolia)*, Große Sternmiere *(Stellaria holostea)*, Kleines Immergrün *(Vinca minor)*, Kriechender Günsel *(Ajuga reptans)*, Porzellanblümchen (*Saxifraga* × *urbium*), Schatten-Segge *(Carex umbrosa)*, Tüpfelfarn *(Polypodium vulgare)*, *Heuchera*-Hybriden

Für das zeitige Frühjahr: Streupflanzen wie Busch-Windröschen *(Anemone nemorosa)*, Strahlen-Windröschen *(A. blanda)*, Blaustern *(Scilla)*, Winterling *(Eranthis cilicica)* und Schneeglöckchen *(Galanthus)* nutzen das Licht vor Laubaustrieb des Baums

Spezialisten für hohen Wurzeldruck im Schatten: Es eignen sich Purpurblauer Steinsame *(Buglossoides purpurocaerulea)* und Rauling *(Trachystemon orientalis)*. Teppich-Waldrebe (*Clematis* x *jouiniana* "Praecox') hat einen lagernden Wuchs. Der jährliche Rückschnitt im Frühling lässt einen spannenden Szenenwechsel mit Frühjahrsblühern gestalten.

ÜBERGANGSKÜNSTLER

Nehmt euch Zeit, das Licht im Allgemeinen genau zu beobachten. Viele Halbschatten-Stauden haben zwar eine hohe Toleranz, entwickeln sich in vollem Schatten aber bescheiden. Dafür können sie den Übergang in den Sonnenbereich gut meistern, wie die Mandelblättrige Wolfsmilch *(Euphorbia amygdaloides)*, *Bergenia*-Hybriden, Zwerg-Waldspiere (*Astilbe chinensis* var. *pumila*) oder die *Heuchera*-Hybriden.

VORSCHLÄGE FÜR PFLANZGRUPPEN

Gruppen wiederholen sich:

Begleit- und Füllstauden:
Kaukasus-Vergissmeinnicht, Große Sterndolde, Lilientraube im Wechsel mit Silberglöckchen, Großblütige Bergminze, Bergenie, Nesselkönig

Verbindende Leitstauden-Gruppe:
Herbst-Anemone, Montbretie 'Lucifer' im Wechsel mit Allium 'Mount Everest', Oktober-Silberkerze, Berg-Reitgras

Für Sichtschutz im Sommer:
Garten-Reitgras, Prärie-Aster, Kerzen-Knöterich, Taglilie, Narzisse 'Thalia', Allium 'Mount Everest', Bergknöterich 'Johanniswolke'

Waldborder mit Immergrünen:
Schaumblüte, Flaumige Elfenblume und Schatten-Segge

Diese Übergangskünstler eigenen sich auch als direkte Nachbarn für Leitstauden in sonnigen Beeten mit nährstoffreichem Boden, da hohe Gräser oder Kleingehölze den für sie nötigen Schatten werfen. Dieselbe Situation entsteht bei der Neupflanzung eines Baumes. Das kleine Kronendach lässt vorerst noch viel Licht bis zur Baumscheibe vordringen, so dass Übergangskünstler hier eine gute Wahl sind.

Wenn Gruppen aus Leit-, Begleit- und Füllstauden sich wiederholen, erzeugt das Ruhe trotz Vielfalt. Auf großen Flächen entstehen dadurch mehr Spannung und Struktur, wenn sich Gruppen mit unterschiedlicher Stauden-Zusammenstellung abwechseln. Auf kleinen Flächen können zu viele Arten schnell unruhig wirken. Mit weniger, aber immergrünen und ein bis drei Blütenhighlights im Jahr strahlen sie Harmonie aus.

NUTZPFLANZEN IM ZIERBEET

Das Prinzip der gegenseitigen Beschattung der Pflanzen untereinander durch unterschiedliche Höhen und dichten Aufwuchs, kann man sich auch für Nutzpflanzen im Staudenbeet zunutze machen.

Kräuter mit Leitstauden und Kleingehölzen	Im Frühjahr profitieren Minze, Melisse, Petersilie und Salat noch von Licht und Sonnenwärme, wenn ihre Nachbarn – kleine Laubgehölze oder hohe Leitstauden – noch unbelaubt oder noch nicht ausgetrieben sind. Sommerliche Hitze ist für diese Kräuter und Salate jedoch zu viel und so profitieren sie dann zum Zeitpunkt des Schattenwurfs von der stattlich gewachsenen Leitstaude oder dem Laubdach der Kleingehölze. **TIPP:** Setzt die ausbreitungsfreudige Melisse und Minze besser in eine Wurzelsperre!
Kohl mit Federgras	Warum nicht manch eine Lücke im Beet mit einem Kohlgewächs schmücken? Dieses Gemüse bringt Farbe mit der Ausbildung von dekorativen Röschen oder Köpfen ins Beet. Partner wie der eher filigranere Thymian oder Schnittlauch bilden dann nicht nur interessante Kontraste, sondern schützen auch vor dem Kohlweißling. Kohl verträgt mehr Sonne und kann so mit weichen Texturen wie dem Zarten Federgras *(Stipa tenuissima)* kombiniert werden. **TIPP:** Ist Kohl für eine Saison dekorativ und schmackhaft, beachtet man daraufhin die gesunde Fruchtfolge und setzt im nächsten Jahr z. B. Salat mit schönem Blattschmuck.
Artischocke mit Rudbeckia	Leitstauden geben dem Beet durch ihr vertikales Aufstreben nicht nur Räumlichkeit, sondern manche auch „Geschmack". Fenchel und Artischocke überzeugen mit einer markanten Struktur im Sonnenbeet und schenken denjenigen Schatten, die es zuweilen mögen, wie die Rudbeckia.
Rhabarber mit Stauden	Wie Kunst im Halbschatten-Beet wirkt der Rhabarber. Seine auffälligen Blätter und bunten Stängel im April sorgen für Aufmerksamkeit und werden von zarten Stauden wie der Schaumblüte *(Tiarella)* oder dem Japangras *(Hakonechloa)* perfekt unterstrichen.

1. Kräuter wie Minze bereichern die naturnahe Staudenpflanzung.

2. Fenchel spendet Schatten und gibt dem Beet vertikale Struktur.

3. Das frische Grün des Salats setzt Akzente im Lavendelbeet.

schön & nützlich

1

2

3

Heimische Dynamiker

Wer mag nicht gern bezaubernde Überraschungen innerhalb fester Strukturen? Mit einer Portion Neugier und Vertrauen anstelle absoluter Kontrolle erleben wir genau das auch im Garten.

Die Atmosphäre eines Gartens wird für mich zu einer magischen Anmutung, wenn dort der Puls der Natur noch spürbar ist. Das passiert immer dann, wenn wir ihr Raum geben, sie nicht ständig kontrollieren, sondern sie einladen, uns zu inspirieren. Gemeint ist nicht unkontrolliertes Ausbreiten einer invasiven (gebietsfremden) Art zuzulassen, sondern die „Wandereigenschaft“ mancher Pflanzen mal dem Zufall zu überlassen. Innerhalb der festen Grundstruktur eines Beetes, gebildet aus standfesten und langlebigen Stauden sowie Gräsern, lassen sich sogenannte Dynamiker integrieren. Ihre Eigenschaft eher kurzlebig zu sein, sich aber an zusagenden Standorten durch Selbstaussaat zu erhalten, also zu wandern, zaubert Lebendigkeit ins Staudenbeet.
Jedes Jahr bin ich freudig überrascht, mit welch stilsicherer Geschicklichkeit die Dynamiker sich einen neuen Platz aussuchen und Akzente setzen, die kein Gärtner hätte besser machen können.

Hier hat sich Fingerhut ausgetobt, mehrjährigen Astern können ergänzt werden.

WUCHSVERHALTEN

Dynamiker sind eher kurzlebig. Es gibt Einjährige, die sich meist über Selbstaussaat am Standort erhalten (Mohn) und Zweijährige, die im ersten Jahr überwiegend Blattmasse produzieren, im darauffolgenden Jahr blühen, um sich dann zu versamen (Königskerzen, Fingerhut). Mehrjährige, jedoch mit kurzer Lebensdauer, sorgen mit recht zuverlässiger Selbstaussaat dennoch für ihren Fortbestand (Gaura, Eisenkraut).
Als Ergänzung zu einer stabilen Beetstruktur finden Dynamiker zu Beginn, je nach Größe und Wuchsverhalten, den passenden Platz und Nachbarn und füllen eventuelle Lücken. Die elfenzarte Akelei zum Beispiel bildet einen schönen Kontrast zum Kaukasus-Vergissmeinnicht und zu mittelhohen Gräsern. Auch sorgt sie mit ihrer Blüte für Fülle und einen Übergang zum Blühzeitpunkt ihrer Nachbarn, die danach noch folgen, wie die Große Sterndolde oder Nessel-Glockenblume.

DYNAMIKER

Name	Wuchshöhe, Blüte	Standort	Verhalten	Gute Partner
Für schattige Bereiche				
Gewöhnliche Akelei *Aquilegia vulgaris*	50–60 cm, violett-blau, Mai–Juni	Gehölzrand/ Sonne bis Halbschatten, trocken-frischer Boden	kurzlebig, Selbstaussaat, Bienenweide	Große Sterndolde, Hosta, *Carex morrowii* var. *temnolepis*
Nessel-Glockenblume *Campanula trachelium*	80–100 cm, blau-violett, Juli–August	Gehölzrand/ Freifläche, Sonne bis Halbschatten	Staude, starke Selbstaussaat, Insektenweide, trockentolerant	Wald-Geißbart, Herbst-Anemone, Kerzen-Knöterich
Roter Fingerhut *Digitalis purpurea*	80–100 cm, pink, Juni–Juli	Gehölzrand/ Freifläche, Sonne bis Halbschatten, frischer Boden	zweijährig, Selbstaussaat, bienenfreundlich, stark giftig	Akelei, Astilben, Bergknöterich 'Johanniswolke'
Nachtviole *Hesperis matronalis*	60–70 cm, lila, Mai–Juli	Gehölzrand, Sonne bis Halbschatten, frischer Boden	zwei- bis mehrjährig, Selbstaussaat auf humosen nährstoffreichen Böden, Duft, Insektenweide	*Campanula lactiflora*, *Thalictrum aquilegiifolium*, Kandelaber-Ehrenpreis, Kaukasus-Vergissmeinnicht
Für sonnige Bereiche				
Wiesen-Flockenblume *Centaurea jacea*	30–60 cm, purpur, Juni–September	Freifläche, Boden trocken-frisch, mager	kurzlebig, Selbstaussaat, Insektenweide	Blaustrahlhafer, Nachtkerzen-Arten, Prachtkerze
Stauden-Lein *Linum perenne*	30–50 cm, hellblau, Juni–August	Freifläche/ Steppe auf trockenem Boden	kurzlebig, Selbstaussaat, Insektenweide	Zottiger Ziest 'Hummelo', Steppen-Salbei-Arten, Patagonisches Eisenkraut, Zartes Federgras
Wilde Malve *Malva sylvestris*	40–100 cm, purpur, Mai–September	Freifläche/Beet, frisch-trocken, stickstoffreich	zweijährig, Selbstaussaat, Insektenweide	Echter Salbei, Schleierkraut-Arten, Tautropfengras
Küchenschelle *Pulsatilla vulgaris*	20–30 cm, violett, März–April	Freifläche/ Steppe, trocken, humos-sandig	Staude, kurzlebig, Selbstaussaat, Insektenweide	Walzen-Wolfsmilch, *Tulipa tarda*, Milchstern, *Arabis caucasia* 'Plena'

Vorgarten

Er ist der Erste, der uns begrüßt, wenn wir nach Hause kommen. Der erste Eindruck unseres persönlichen Geschmacks und Ambiente. Er ist die lebendige Brücke in unsere Privatsphäre und hat es verdient, dass wir ihm besonderes Augenmerk schenken.

Ich freue mich über immer mehr Kunden, die mich explizit für die Vorgartengestaltung- und -bepflanzung beauftragen. Es scheint, der Vorgarten genießt auch hierzulande einen höheren Stellenwert als noch vor ein paar Jahren. Lange stiefmütterlich behandelt, als überflüssiges Anhängsel, was nur Arbeit macht, erkennen immer mehr Hausbesitzer das vielfältige Potenzial ihres Vorgartens. Im Sinne der Natur wünsche ich mir, dass dies erst der Anfang einer wunderschönen Entwicklung ist, Lebensräume bereits vor der Haustür zu gestalten. Je nach Größe kann dieser nicht nur auf dem Weg zur Haustür ein Erlebnis für die Sinne sein, sondern eventuell auch ein weiterer Aufenthaltsort.

DARUM SIND SCHOTTERGÄRTEN KEINE LÖSUNG

Niemand lässt sich gern reglementieren, allerdings ist das kommunale Verbot Schottergärten anzulegen, was mancherorts nunmehr gilt, eine vernünftige Entscheidung für Umwelt und Klima. Denn die Natur hat keine laute Stimme, aber mit Unkrautvlies und Schotterflächen reglementieren wir ungefragt ihren Lebensraum. Dieser geht für Vögel und Insekten einfach still verloren, und letztlich ebenso für unseren Nahrungsbedarf, denn ohne Bestäuber keine Früchte. Schottergärten verhalten sich wie jede versiegelte Fläche in Deutschland und gelten als teilversiegelt, da dort Wasser schwer versickern kann. Das zwar wasserdurchlässige Vlies bildet zusammen mit dem Gewicht der Steine eine Barriere zum Boden, welcher isoliert von Luft und natürlicher Flächenkompostierung alsbald seine Struktur und seinen Humusanteil einbüßt, was dazu führt, Wasser nicht mehr halten zu können. Der Boden bald tot und kein Schutz vor Starkregen mehr, aber pflegeleicht? Vielleicht etwas über ein Jahr, dann beginnt der Besiedlungsprozess der Natur auch dort. Auf dem Unkrautvlies, in den Steinnischen, bildet sich über eingetragenes organisches Material, Laub und Flugsamen wieder neue Vegetation. Zwischen den Steinen zu jäten, ist alles andere als pflegeleicht und mühelos. Da lobe ich mir doch das natürliche Erdreich eines Beetes, wo mit einem Zug das ganze Beikraut locker rausgezogen ist oder erstmal gar nicht auffällt, neben all den Stauden und Gräsern. Apropos Pflanzen, wo sie die Umgebungstemperatur nicht abkühlen, werden im Sommer auf reinen Schotterflächen Temperaturen um die 70 °C gemessen! Allein in Anbetracht dessen hoffe ich, dass Schottergärten ein Auslaufmodell darstellen!

WORAUF ACHTEN?

Den Weg zur Haustür mit allen Sinnen genießen oder möglicherweise auch im Vorgarten verweilen und entspannen?
So gelingt die Vorgartengestaltung:
– Funktionalität: Was muss im Vorgarten untergebracht werden? Wieviel Platz brauchen Mülltonnen, Einfahrt, Stellplätze, Briefkastenanlage etc.? Ihre Position sollte ohne Umstände erreichbar sein.
– Gibt es Höhenunterschiede zu überwinden?
– Welche Lage hat der Vorgarten? Himmelsrichtung, Standort hinsichtlich Bepflanzung, Verkehrsaufkommen in unmittelbarer Umgebung?
– Gestaltung: Wieviel Fläche verbleibt, um ein interessantes Ambiente zu schaffen?
– Welche zusätzlichen Elemente sollen einziehen? Ein Sitzplatz, ein Quellstein, Dekoration?
– Welche Highlights des Hauses möchte ich hervorheben, welche kaschieren?
– Was möchte ich sehen oder nicht sehen, wenn ich von drinnen in den Vorgarten schaue?

1

1. Vorher: Schotter und brauner Rasen waren gestern.

2. Heute gibt es einen blühenden und duftenden Empfang vor der Haustür.

2

Tipp
Einfriedungen einbinden: Zäune lassen sich großartig beranken, Mauern und andere Elemente erzeugen ruhige Hintergründe für Gehölze, ein Wechsel von Hecke und Zaun wirkt „luftiger".

FUNKTIONALITÄT UND ÄSTHETIK

Im besten Fall bettet sich Funktionalität unauffällig in eine ästhetisch anmutende Gesamtgestaltung. Nachdem vorige Fragen beantwortet sind, wissen wir, in wie viele Flächen und Wege der Vorgarten unterteilt werden muss. Das Grundprinzip, die Formgebung an vorhandenen und entstehenden Fluchtlinien zu orientieren, wird auch im Vorgarten angewandt (siehe S. 44 „Gartenräume erzeugen"). Ein Erlebnis auf dem Weg zur Haustür zu erschaffen gelingt, indem wir den direkten Blick auf die Haustür unterbrechen. Wie wäre es mit einem leicht versetzten Weg, der an ausdrucksstarken Gehölzen und duftenden Stauden vorbeiführt? Oder ein kleines Hochbeet mit Sitzbank asymmetrisch zur Flucht des Eingangs? Diese und ähnliche Gestaltungsoptionen erzeugen Neugierde und Dynamik. Damit diese nicht unruhig wirkt, wird das Haus mit eingebunden. Das lässt sich über teils gemeinsame Fluchtlinien, dem Aufgreifen von Farben und Materialien des Hauses im Vorgarten und der Spiegelung der Architektur in der Formgebung der Vorgartenflächen erreichen.
Beispielsweise verlangt der Bauhausstil nach einer ebenso gradlinigen Vorgartengestaltung. Dynamik entsteht daraufhin durch bewussten Versatz einzelner Flächen oder Höhenunterschiede.

Architektonische Elemente und Materialien des Hauses spiegeln sich in der Vorgartengestaltung.

BESIEDELN STATT VERSIEGELN

Vollendet wirkt die Gestaltung nur mit Pflanzen, wenn die Fläche als Garten bezeichnet werden soll. Ein gut positioniertes Solitärgehölz als Blickfang, sowohl von draußen als auch von drinnen, wirkt nicht nur lebendig, es kann auch für Sichtschutz sorgen. Stauden und Gräser lenken ebenso das Augenmerk auf ihre Anmut und lassen unerwünschte Elemente „verschwinden". Fugenbepflanzungen zwischen Gehwegplatten aus niedrigen Kräutern wie Sand-Thymian oder Römischer Kamille geleiten uns mit einem Dufterlebnis zur Haustür. Langweilige Zufahrten und Stellplätze können in blühende Kiesbeetlandschaften verwandelt werden, wenn man sich auf die notwendige zu befestigende Fahrspur beschränkt. Zur Verwendung kommen hier Pflanzen aus der Dachbegrünung. Warum

1

2

3

nicht ebenso die Mülltonnenbox mit einer Dachbegrünung versehen? Geschickt durch Rank- oder Heckenelemente abgeschirmt, erhebt sich dann eine weitere blühende Attraktion im Vorgarten. Nicht nur, dass lebendige Vorgärten die Gesamtoptik und Atmosphäre aufwerten, so leisten sie nebenbei noch den Beitrag Lebensraum für Tiere und Insekten zu erhalten und ermöglichen die Versickerung von Regenwasser direkt an Ort und Stelle.

1. Kurz nach Bau und Pflanzung. Der mineralische Mulch wird bald überwachsen sein.

2. Im ersten Standjahr umspielen Pflanzen bereits die moderne Formgebung.

3. Der gewünschte kleine Sitzplatz mit Ausblick ist selbst weniger einsehbar.

KEINE ANGST VOR DER PFLEGE

Pflegeaufwand – ein weiter Begriff

Ein schöner Garten ganz ohne Pflegeeinsatz ist so unmöglich wie ein gepflegter Haushalt, ohne zu putzen. Wer die pflanzlichen Gartenbewohner überlegt aussucht, kann den Pflegeaufwand jedoch reduzieren.

Anstrengend wird es grundsätzlich immer dann, wie so oft im Leben, wenn wir mit dem Kopf durch die Wand wollen. Akzeptieren wir allerdings vorhandene Umstände und arbeiten mit ihnen, anstatt sie krampfhaft verändern zu wollen, wird es leichter und führt eher zum gewünschten Erfolg.
Ist der Boden zum Beispiel für prächtige Englische Rosen nicht nahrhaft und anlehmig genug, gelingt die Verwendung von Persischen Rosen oder Strauchpäonien vermutlich deutlich erfreulicher und nachhaltiger als ein aufwendiger Bodenaustausch.
Ich werde auch immer wieder daran erinnert, dass da eine Kraft stets gegenwärtig ist, die mich jederzeit eines Besseren belehren kann. Es ist die der Natur! Beobachten wir sie aufmerksam und lassen uns inspirieren, eröffnet sich sukzessiv das Verständnis für den tatsächlichen Lebensraum, den unser Garten beherbergt. Mit immer mehr Sicherheit können wir Entscheidungen über die Besiedlung treffen, akzeptieren aber auch den Umstand, dass alles im Wandel ist und mit überraschenden Veränderungen aufwarten kann.

WELCHE ATTRIBUTE VERBERGEN SICH HINTER „PFLEGELEICHT"?

Schauen wir uns die Pflanzen, die zum jeweiligen Standort passen, genauer an. Gelten sie als robust, langlebig und anpassungsfähig? Sind sie stark gegenüber Konkurrenz? Müssen sie gar nicht oder höchstens einmal im Jahr geschnitten werden? Kommen sie mit einfachen Humusgaben oder gar mit dem natürlich gebildeten Dauerhumus an Ort und Stelle aus?
Wenn diese Fragen alle mit „ja" beantwortet werden können, ist schon ein großer Teil möglichen Pflegeaufwands reduziert.

Lebendiger Winter

2

VON ANFANG AN DEN PFLEGEAUFWAND REDUZIEREN

- standortgerechte Pflanzenwahl
- konkurrenzstarkes Wuchsverhalten und dichten Aufwuchs bevorzugen, um Beikräuter zu unterdrücken
- Gehölze mit ansprechender natürlicher Wuchsform und geeigneter Endgröße wählen, um auf regelmäßige Schnittmaßnahmen verzichten zu können
- Einsatz von pflegeintensiven Pflanzen reduzieren wie Edelrosen, Dahlien, Wechselflor, schnell wachsenden Sträuchern und Hecken sowie sehr viel Rasenfläche
- Fugen oder Kiesflächen können bewusst bepflanzt werden und so Beikräutern den Platz streitig machen
- Mulch schützt den Boden und behindert unerwünschten Aufwuchs
- nicht häufig, aber durchdringend gießen
- Fokus mehr auf Entspannung als auf die Arbeit richten

1. Kein Schnitt heißt schöne Winteraspekte genießen

2. Das hohe Mädchenauge würde anstelle der Dahlien den Pflegeaufwand reduzieren.

Pflanzenpflege

Was bleibt zu tun, nachdem die Wahl auf standortgerechte, robuste, genügsame und langlebige Pflanzen gefallen ist? Verschaffen wir uns also einen Überblick über die verbleibenden Punkte der Pflege.

1

GIESSEN

An dieser Stelle sei noch mal erwähnt, dass eine Neupflanzung in den ersten 2–3 Wochen regelmäßig Wasser benötigt, um „Fuß" zu fassen. Punktuelles und durchdringendes Gießen regt das Wurzelwachstum in die Tiefe dabei besser an als stundenlanges Bewässern mit dem Sprenger. Gießen mit Bedacht und nach offensichtlichem Bedarf (erste Anzeichen von Schlappheit) setzt sich fort und betrifft ebenso bereits etablierte Pflanzungen.
Im Frühjahr benötigen Pflanzen viel Kraft für die neue Saison. Sollte es zu dieser Jahreszeit niederschlagsarm sein, so muss ab und an ein Gießgang erfolgen.
Ebenso dürfen die immergrünen Gehölze und Stauden im Winter nicht vergessen werden. Da ihr Laub auch dann transpiriert, kann es bei zu trockenem und gefrorenem Boden zu Wassermangel kommen, und Frosttrocknis kann die Folge sein. Aufgrund dieses Prozesses ist es ratsam, immergrüne Gehölze vor der morgendlichen Wintersonne geschützt zu setzen. Da der Boden sich morgens noch gar nicht erwärmen konnte, wäre Wassermangel vorprogrammiert, zusätzlich befördert durch noch mehr Sonneneinstrahlung – also noch mehr Transpiration. Unterstützt diese Gehölze daher auch im Winter mit Wassergaben.

DÜNGEN – WENIGER IST MEHR

Die Vegetation schattigerer Bereiche bevorzugt im Allgemeinen die von Lauberden geprägten Böden. Diese sind tendenziell humos, nährstoffreich und

Wichtige Gießregel in Zeiten der Klimaerwärmung: Bäume und Gehölze zuerst! Daraufhin bedürftige Stauden und zuletzt oder am besten gar nicht, den Rasen. Trockenheit führt bei Bäumen in den häufigsten Fällen zu irreparablen Schäden, wohingegen der Rasen eine hohe Regenerationsfähigkeit aufweist.

2

3

1. Immergrüne Gehölze benötigen auch im Winter Wasser.

2. Ein Gießring an Jungbäumen unterstützt die gezielte Versickerung der Wassergaben.

3. Elfenblume 'Frohnleiten' ist ein wahrer Laubschlucker, zudem halten seine kompakten Wurzeln Giersch in Schach.

locker sowie von einem guten Grad an Bodenfeuchte. Um diese Bedingungen aufrechtzuerhalten, lohnt sich oft das Nichtstun. Darf sich abgestorbenes organisches Material der Pflanzen und Falllaub an Ort und Stelle kompostieren und wird nicht weggeräumt, hält man automatisch den natürlichen Nährstoffkreislauf in Gang. Sommergrüne Stauden können getrost eine bis zu 10 cm dicke Laubschicht im Winter vertragen, die sie zusätzlich schützt. Im Frühjahr kann der verbleibende Rest dann großflächig verteilt oder kompostiert werden. Ebenfalls zu dieser Zeit reicht den meisten Pflanzen dann eine Gabe guten Komposts oder Laubhumus, durchmischt mit etwas organischem Dünger, und die Saison kann beginnen.

Wünschen manche Stauden und Gehölze einen eher niedrigeren pH-Wert, so lässt sich dieser mit Mulch aus Nadelhölzern etwas absenken, wenn man auf die Verwendung von Torf verzichten möchte.

Auch wenn die Pflanzen der sonnigen Freifläche häufig noch geringere Nährstoffansprüche haben, es eher magerer mögen, erleichtert die Verwendung robuster und anpassungsfähiger Stauden im Halbschatten bis Schatten den Pflegeaufwand merklich. Sind sie gut eingewachsen, tolerieren sie vorübergehende Trockenheit oder einen kurzzeitig schwankenden Nährstoffhaushalt, wie beispielsweise Heuchera, Tellima, Prunella, Brunnera, Bistorta oder Tüpfelfarn.

1

SCHNITT ODER LIEBER WINTERASPEKT?

Im Allgemeinen kann gesagt werden, dass ein Rückschnitt sommergrüner Stauden zu kompakterem Wuchs führt, die Lebensdauer erhöht und den gesunden Neuaustrieb fördert. Dies macht sich der Chelsea Chop zunutze. Im Mai werden die äußeren Stängel später blühender Stauden wie Astern oder Indianernesseln um ein Drittel eingekürzt. In der Folge wachsen sie stabiler und buschiger. Gleichzeitig wird damit die Blütezeit geschickt verlängert.

Verjüngend wirkt sich auch eine Teilung von älteren Stauden wie der Taglilie, Fetthenne oder dem Japan-Berggras aus. Der Schnitt im Herbst ist jedoch nicht zwingend nötig. Im Zuge von „den Garten winterfest machen" (Frostschutz für bestimmte Pflanzen installieren, Pumpen abmontieren etc.) wurde der radikale, bodennahe Rückschnitt einfach mit dazu definiert. Dabei entfernt man allerdings den natürlichen Frostschutz der Stauden, anstatt sie „fest für den Winter" zu machen. Eine schützende Laubschicht für den Wurzelstock im Winter ist dann ein Muss. Der Schnitt hat meist ästhetische Gründe, aber häufig kann man sich diesen Arbeitsschritt sparen, da viele Stauden winterstabil sind und noch zur kalten Jahreszeit eine gute Figur im Beet machen. Nebenbei erfreuen sich Insekten eines guten Winterquartiers. Der Rückschnitt kann getrost im Frühjahr inklusive einer leichten Düngung erfolgen. Dieser Zeitpunkt ist auch unbedingt für frostempfindliche Sonnenanbeter wie Eisenkraut und Gaura sowie für sommergrüne Halbsträucher (Blauraute, Bartblume und Buschklee), zu empfehlen. Die immergrünen Halbsträucher wie Lavendel oder der wintergrüne Gamander vertragen den Rückschnitt ebenso im frostfreien Frühjahr zuverlässiger und treiben danach kompakt und blühfreudig aus. Meist keinen Rückschnitt

Tipp

Der Begriff „winterstabil" oder „Winteraspekt" zeigt an, ob eine Pflanze auch im Winter einen Zierwert besitzt.

2

3

1. Chelsea Chop an einer Fetthenne, die vordere Partie wird somit zeitversetzt blühen

2. Lavendel wird nur bis auf kurze Ansätze belaubter Triebe eingekürzt, nicht bis ins alte Holz.

3. Remontierschnitt an Katzenminze

benötigen immergrüne Stauden und Gräser. Sie möchten das gar nicht und man entfernt lediglich das Vorjahreslaub im Frühling. Es sei denn, die gesamte Blattmasse hat unter Frost gelitten, dann folgt ein kompletter Rückschnitt und die Staude kann wieder frisch austreiben.
Der Remontierschnitt während der Gartensaison ist wie der Chelsea Chop kein Muss. Pflanzen wie Frauenmantel, Steppen-Salbei, Katzenminze oder Schafgarbe werden dafür nach der Hauptblüte beherzt zurückgeschnitten. Sie haben die Fähigkeit, danach einen zweiten Blütenflor auszubilden.

APARTE WUCHSFORM UND ADÄQUATE GRÖSSE

Die Gehölze der Pflanzenportraits bringen von Natur aus allerlei Wuchsformen mit und mögen meist sie gar nicht geschnitten werden, wie Magnolien, Zaubernüsse oder Tamarisken. Es ist sehr praktisch für uns und gesund für den Baum, wenn sich schon im Vorfeld die gewünschte Wuchsform und die zu erwartende Endgröße an unserem Geschmack und dem vorhandenen Platz orientiert. So bleibt es bei gelegentlichen Maßnahmen wie Totholzentnahme oder einem leichten Auslichtungsschnitt. Blühsträucher benötigen im Alter je nach Art einen Verjüngungsschnitt. Der Zeitpunkt richtet sich vor allem danach, ob sie am neuen oder am alten Holz blühen. Der Frühlingsflieder beispielsweise sollte direkt nach der Blüte und am besten in Jahresetappen verjüngt werden, da er am zweijährigen Holz blüht und genug Zeit benötigt, neue Blütenansätze zu bilden. Der Sommerflieder hingegen wird im zeitigen Frühjahr stark zurückgeschnitten. Er blüht am diesjährigen Holz und baut sich nach dem Schnitt bis zur Blüte rasch wieder auf. Auch die Clematis-Arten haben drei verschiedene Schnittzeitpunkte. Das Kaufetikett gibt meist Auskunft.

PFLANZEN-STECKBRIEFE

TROCKENTOLERANTE LAUBBÄUME

FRANZÖSISCHER AHORN

— *Acer monspessulanum*

WUCHS Bis 10 m als Kleinbaum oder Großstrauch mit länglich, sparriger Krone

STANDORT Trockene, kalkhaltige bis felsige Böden in der Sonne

MERKMALE Industriefest, insektenfreundlich mit früher Blüte, Imkerbaum, Einsatz zur Hangbefestigung, Herbstfärbung orangerot bis dunkelrot

PFLEGE Gering, gut schnittverträglich

AMERIKANISCHE EDELKASTANIE

— *Castanea dentata*

WUCHS Bis 30 m hoch, in Gruppenstellung schlankere Kronenausbildung als in Solitärverwendung

STANDORT Vollsonnig bis halbschattig für sandig-lehmige, leicht saure bis neutrale Böden, kalkmeidend

MERKMALE Frosthärter als die europäische Edelkastanie und ebenso schmackhafte Esskastanien

PFLEGE Kompostgabe im Frühling, Weißanstrich als Frostschutz im Winter, Schnittmaßnahmen von November bis Februar (nicht bei Minusgraden, bis 4 °C sind ideal)

AMERIKANISCHER ZÜRGELBAUM

— *Celtis occidentalis*

WUCHS Bis 20 m hoch und 15 m breit mit rundlicher, unregelmäßiger Krone, schnell wachsend

STANDORT Vollsonnig. Anspruchslos an den Boden, Verdichtungen werden jedoch nicht vertragen

MERKMALE Nektarreiche Blüten und essbare Beerenfrüchte, verträgt Verkehrsdruck

PFLEGE Ungestörte Entwicklung des natürlichen Habitus fördern und nicht schneiden, ggf. Totholzentnahme und Konkurrenztriebe entfernen, Kompostgaben in der Jugend

TÜRKISCHE HASEL

— *Corylus colurna*

WUCHS Bis 15 m hoch, breite kegelförmige Krone, langsam wachsend. Verwendung in Einzelstellung oder als Gruppe, z. B. für die Beschattung eines Spielbereichs.

STANDORT Sonne bis Halbschatten, für tiefgründige, anlehmige, kalkhaltige Böden

MERKMALE Verträgt Hitze und Trockenheit. Bildet den bekannten essbaren Fruchtschmuck, die Haselnüsse, aus.

PFLEGE Verträgt keinen starken Rückschnitt, nur behutsamen Auslichtungsschnitt im Spätsommer/Herbst

LEDERHÜLSENBAUM

— *Gleditsia triacanthos*

WUCHS Bis 20 m, bei uns kleiner. Lockerer Kronenaufbau. Ausladend. Gefiederte Blätter erzeugen lichten Schatten

STANDORT Sonnig, für sandig-lehmige, kiesige Böden. Zu nährstoffreiche Böden und Verdichtungen vermeiden

MERKMALE Trockenheitsbeständig und stadtklimafest. Die Art ist bedornt, die Sorten 'Sunburst' oder 'Inermis' sind dornenfrei. Lange Samenhülsen bilden markanten Fruchtschmuck, gelbe Herbstfärbung

PFLEGE Mit Hornspänen im Frühling düngen

AMBERBAUM

— *Liquidambar styraciflua*

WUCHS Bis 15 m hoch, pyramidale Krone. Solitärstellung

STANDORT Sonnig. Durchlässige und tiefgründige Böden fördern die Pfahlwurzelbildung (erhöht die Windfestigkeit). Kommt aber auch mit steinigen Böden zurecht.

MERKMALE Verträgt Hitze und Trockenheit, auch kurze Überschwemmungen. Prächtige Herbstfärbung, „Indian Summer“ am sonnigen Standort. Vogelnährgehölz

PFLEGE Organische Düngung im Mai. Unterpflanzen oder leicht mulchen, ggf. Schnitt im Herbst

BAUM-MAGNOLIE

— *Magnolia kobus*

WUCHS Bis 12 m hoher Baum mit breit verzweigter Krone

STANDORT Sonniger bis halbschattiger Gehölzrand mit sandig-lehmigen Böden, leicht sauer. Tonige, verdichtete Böden meiden. Bevorzugt Einzelstellung

MERKMALE Toleriert Trockenheit, auch kurze Überschwemmungen. Weiße Sternblüten im Frühjahr. Vogelnährgehölz. Einsatz zur Hangbefestigung. Frostschutz für den Stamm in den ersten zwei Standjahren

PFLEGE Von Schnittmaßnahmen absehen

EISENHOLZBAUM

— *Parrotia persica*

WUCHS Bis 12 m hoch. Bildet eine malerische, skurrile Krone aus. Wächst als kleiner Baum, häufig mehrstämmig

STANDORT Sonnig bis halbschattig. Für durchlässige, nährstoffreiche, mäßig trockene Böden

MERKMALE Vogelschutzbaum. Toleriert Trockenheit, auch kurze Überschwemmungen. Eignet sich auch als Sichtschutzbaum

PFLEGE Ohne Schnit entwickelt sich der malerische Wuchs am besten, ansonsten nach der Blüte schneiden.

BLAUGLOCKENBAUM

— *Paulownia tomentosa*

WUCHS Bis 15 m, mit breiter, lockerer Krone. Ausdrucksstarker Schattenspender und Eyecatcher zur Blütezeit

STANDORT Sonnig, für mäßig trockene bis frische, durchlässige Gartenböden

MERKMALE Sehr anspruchslos, wärmeliebend und hitzeverträglich. Prächtige violett-blaue Blüten von April bis Mai. Ungenießbare, sehr dekorative Kapselfrüchte

PFLEGE Nur Totholzentnahme und Konkurrenztriebe entfernen, ab dem frostfreien Frühjahr

SCHNURBAUM

— *Sophora japonica*

WUCHS Bis 15–20 m hoch. Bildet eine malerisch rundliche, später breite, ausladende Krone

STANDORT Sonne bis Halbschatten. Für karge, sandige und durchlässige Böden

MERKMALE Cremeweiße Blüten von Juli bis August. An Perlenschnüre erinnernde Samenstände sind ein auffälliger Fruchtschmuck. Verträgt Hitze und Trockenheit

PFLEGE Bei Bedarf im Sommer oder Herbst Auslichtungsschnitt möglich

AMERIKANISCHE LINDE

— *Tilia americana*

WUCHS Bis 25 m hoch. Bildet eine breite, rundliche, halboffene Krone aus. Schnell wachsend

STANDORT Sonne bis Halbschatten. Für tiefgründige, nährstoffreiche und bevorzugt frische Böden. Durchwurzelt den Oberboden stark

MERKMALE Duftende Blütenrispen ab Ende Juli. Bienennährgehölz, beliebt bei Schmetterlingen und Faltern. Soll hitzetoleranter sein als die heimische Winterlinde

PFLEGE Schnittmaßnahmen von Frühjahr bis September

JAPANISCHE ZELKOVE

— *Zelkova serrata*

WUCHS Bis 20 m hoch. Bildet eine runde, schirmförmige Krone aus. Langsam wachsend

STANDORT Warm und sonnig, sehr frosthart. Gegenüber dem Boden anspruchslos, verträgt aber keine Staunässe

MERKMALE Gelbe Herbstfärbung, ulmenähnliche Blätter. Ersatzbaum für Ulmen, die sehr anfällig für den Ulmensplintkäfer sind. Robust, trockentolerant und sturmfest

PFLEGE Schnittmaßnahmen nicht erforderlich, wenn doch, fachgerecht, um den natürlichen Habitus zu erhalten

IMMERGRÜNE SCHATTENSPENDER

ERDBEERBAUM

— *Arbutus unedo*

WUCHS 4–5 m hoch. Meist gut verzweigter Strauch, buschig und aufrecht. Mediterranes Flair

STANDORT Wärmeliebend, Regionen mit milden Wintern sind ideal. Für Sonne bis Halbschatten und trockene bis frische, kalkarme Böden. Gerne geschützte Standorte wie Hauswände oder windstille Bereiche

MERKMALE Weiße Glockenblüten von Oktober bis Februar. Auffällig roter Fruchtschmuck, der auch essbar ist

PFLEGE Fruchtende Zweige nach der Ernte schneiden

WINTERGRÜNE ÖLWEIDE

— *Elaeagnus ebbingei*

WUCHS Aufrechter, buschiger Strauch bis 3 m hoch. Auch als Spalier- oder Dachgehölz

STANDORT Sonne bis Halbschatten. Toleriert Trockenheit und Nährstoffarmut auf gut drainiertem Boden

MERKMALE Duftende, unscheinbare weiße Blüten von Oktober bis November. Zuverlässig immergrün in Gebieten mit milden Wintern

PFLEGE Im dritten Standjahr mit etwas Kompost düngen. Kein regelmäßiger Schnitt notwendig, ggf. nach der Blüte

JAPANISCHE WOLLMISPEL

— *Eriobotrya japonica*

WUCHS 2–3 m hoch, aufrecht, dicht und buschig. Als mehrstämmiger Busch oder Hochstamm

STANDORT Sonne bis Halbschatten. Für frische, lehmige und durchlässige Böden. Frostfreie Gebiete empfehlenswert, sonst Kübelkultur mit Überwinterungsoption

MERKMALE Weiße, duftende Blüten von September bis November. Die essbaren Mispeln reifen im Frühjahr.

PFLEGE Zwischen Mai und August mit Kübelpflanzendünger versorgen. Schnitt im zeitigen, frostfreien Frühjahr

FRÜHLINGSDUFTBLÜTE

— *Osmanthus burkwoodii*

WUCHS Bis zu 3 m hoch. Breitbuschiger und dichter Strauch. Einzeln oder als Gruppe attraktiv

STANDORT Halbschatten. Durchlässige, lockere Böden

MERKMALE Duftende weiße Blüten von April bis Mai. Es lohnt sich ihn in die Nähe von Eingängen und Sitzplätzen zu pflanzen. Strukturgeber im Winter. Bei strengen Frösten mit einem Vlies schützen sowie vor kaltem Wind

PFLEGE Kompostgabe als Düngung im März. Schnitt, wenn nötig, im zeitigen, frostfreien Frühjahr

GLANZMISPEL

— *Photinia fraseri*

WUCHS Aufrechter, buschiger Strauch bis 3 m hoch. Auch als Spalier- oder Dachgehölz

STANDORT Sonne bis Halbschatten. Humose, anlehmige, kalkfreie und tiefgründige Böden. Warm und windgeschützt. Unterpflanzungen oder Mulch schützen die flachen Wurzeln vor dem Austrocknen und Bodenfrost.

MERKMALE Roter Blattaustrieb. Weiße Blüten im Mai

PFLEGE Düngen im März. Bei Bedarf Schnitt im Juli, oder zurückgefrorene Triebe bis ins gesunde Holz entfernen

PORTUGIESISCHE LORBEERKIRSCHE

— *Prunus lusitanica*

WUCHS Pyramidaler, kompakter und dicht verzweigter Wuchs bis 6 m hoch. Als Solitär oder in Gruppenpflanzung. Auch als Spalier- oder Dachgehölz

STANDORT Sonne bis Halbschatten. Nährstoffreiche, humusreiche, lockere Böden. Windgeschützt

MERKMALE Weiße, duftende Blüten im Juni. Etablierte Wurzelsysteme überstehen Trockenperioden.

PFLEGE Humusreiche Düngergabe im Frühjahr. Schnittverträglich ab März, um Frostschäden zu vermeiden

SEIDENAKAZIE

— *Albizia julibrissin*

WUCHS Baum oder Strauch mit exotischer, schirmartiger Krone, 3–8 m hoch. Filigranes, malerisches Laub

STANDORT Sonne bis Halbschatten. Durchlässige, humose, eher sandige Böden. Jungbaum benötigt Winterschutz. Hitze- und trockenheitsverträglich

MERKMALE Hellrosa Pinselblüten von Juli bis August. Mit dem Alter zunehmend frosthart

PFLEGE Pflegeleicht. Verzicht auf Schnitt, belohnt mit traumhaftem, natürlichem Wuchshabitus

GEMEINE FELSENBIRNE

— *Amelanchier ovalis/rotundifolia*

WUCHS Großstrauch/mehrstämmiger Kleinbaum bis 4 m hoch. Locker bis überhängend wachsend. Einzel- oder Gruppenpflanzung

STANDORT Sonne bis Halbschatten. Sehr anpassungsfähig. Staunässe meiden. Trocken- und hitzetolerant.

MERKMALE Robust. April bis Mai weiße Blüten. Herbstfärbung orangerot. Essbare Früchte, Vogelnährgehölz, bienenfreundlich

PFLEGE Verjüngungs-/Auslichtungsschnitt sinnvoll

SÄULEN-HAINBUCHE

— *Carpinus betulus* 'Frans Fontain'

WUCHS Pyramidaler, schlanker Wuchs, auch im Alter. Kleiner als C. *betulus* 'Fastigiata'. Einzelstellung, in Gruppe oder als Allee

STANDORT Sonne bis Halbschatten. Sandig-humoser Boden, anspruchslos. Trocken- und hitzetolerant, sobald sie etabliert ist

MERKMALE Kunstvoller Wuchshabitus, schöne Winter-Silhouette, gelbe Herbstfärbung

PFLEGE Sehr schnittverträglich

KUGEL-TROMPETENBAUM

— *Catalpa bignonioides* 'Nana'

WUCHS Malerischer Baum, 4–7 m hoch. Kugelige, dichte Krone. Dekorative, herzförmige Blätter

STANDORT Sonne bis Halbschatten. Durchlässige, nährstoffreiche, frische Gartenböden. Windgeschützter Standort. Toleriert gut eingewachsen Trockenperioden

MERKMALE Keine Blüten, treibt spät aus, gelbe Herbstfärbung

PFLEGE Behält seine Kronenform auch ohne nennenswerte Schnittmaßnahmen

GEWÖHNLICHER JUDASBAUM

— *Cercis siliquastrum*

WUCHS Trichterförmiger Strauch bis 6 m hoch, oder Hochstamm. Tiefwurzler

STANDORT Sonnig, warm und geschützt. Normale Böden

MERKMALE Rosa Blüten am Stamm und der Rinde älterer Äste von April bis Mai. Fruchthülsen bilden Fruchtschmuck. Hitze- und trockentolerant

PFLEGE Schönster Wuchs ohne Schnitt. In der Jugend vor Frost mit Mulch schützen sowie junges Holz vor der Wintersonne

GRÜNER PERÜCKENSTRAUCH

— *Cotinus coggygria*

WUCHS Breit ausladender, aufrechter Strauch bis 3 m hoch. *C. coggygria* 'Royal Purple' ist rotlaubig. In Einzelstellung oder als lockere Hecke

STANDORT Sonne bis Halbschatten, anspruchslos. Gartenböden mit hohem pH-Wert

MERKMALE Highlight sind die fedrigen Blüten von Juni bis Juli. Stadtklimafest und trockentolerant

PFLEGE Kompostgabe im Frühjahr. Sehr schnittverträglich, aber kein Muss

ECHTER ROTDORN

— *Crataegus laevigata* 'Paul's Scarlet'

WUCHS Großstrauch oder Kleinbaum, bis 6 m hoch. Einzelstellung oder Gruppe

STANDORT Sonne bis Halbschatten. Mäßig trockene bis feuchte, eher alkalische, lehmig-tonige Böden

MERKMALE Dunkelrote, gefüllte Blüten von Mai bis Juni und schöne Herbstfärbung. Vogelschutzgehölz, leicht bedornt

PFLEGE Schnittverträglich, Maßnahmen immer direkt nach der Blüte durchführen

TASCHENTUCHBAUM

— *Davidia involucrata* var. *vilmoriniana*

WUCHS Großstrauch oder Baum, ca. 6 m, mit pyramidaler Krone und leuchtender Herbstfärbung. Einzelstellung

STANDORT Sonnig bis halbschattig, geschützt. Lockere, lehmige, schwach saure bis alkalische Böden

MERKMALE Weiße Hochblätter von Mai bis Juni ab dem zehnten Lebensjahr, erinnern an Taschentücher

PFLEGE Organische Düngergabe im Frühjahr. Winterschutz für Wurzeln und Stamm ratsam. Schnittmaßnahmen sind nicht nötig

BLUMEN-ESCHE

— *Fraxinus ornus*

WUCHS Rundliche Krone. In der Heimat bis 15 m hoch, bei uns wesentlich kleiner. Für Einzelstellung

STANDORT Sonnig. Kalkhaltige, sandige bis steinige Böden (gut für die Hangbefestigung). Frosthart bis –15 °C

MERKMALE Weiße, duftende Blüten im Mai. Insektenmagnet. Wind- und stadtklimafest, toleriert Hitze und Trockenheit. Goldgelbe Herbstfärbung

PFLEGE Keine Schnitt- und Pflegemaßnahmen am richtigen Standort erforderlich

SIEBE-SÖHNE-DES-HIMMELS

— *Heptacodium miconioides*

WUCHS Starkwüchsiger Strauch, 3–4 m hoch. Einzelstellung oder in kleiner Gruppe

STANDORT Sonnig bis halbschattig in normalen Gartenböden. Etabliert verträgt er Trockenperioden. Winterhart

MERKMALE Duftende, weiße Blüten im April und hauptsächlich von August bis Oktober. Fruchtschmuck zeigt sich purpurrot

PFLEGE Anspruchslos. Schneiden nach Bedarf im Frühling, aber kein Muss

LAGERSTRÖMIE

— *Lagerstroemia indica* 'Natchez'

WUCHS Mehrstämmiger, kompakter, gut verzweigter Strauch, 3–5 m hoch. *L. indica* 'Enduring Summer White' bis 2 m hoch, eleganter Wuchs und etwas winterhärter

STANDORT Sonne bis Halbschatten in Südlage. Durchlässige, humose Böden

MERKMALE Exotisches Flair, weiße Blüten von August bis Oktober, zarter Duft. Orangerote Herbstfärbung

PFLEGE Winterschutz ab -15 °C. Gleichmäßige Bodenfeuchte für gute Blütenbildung

AMBERBAUM 'GUMBALL'

— *Liquidambar styraciflua* 'Gumball'

WUCHS Die kompakte, rundliche Krone bleibt auch ohne Schnittmaßnahmen in Form.

STANDORT Sonnig. Durchlässige und tiefgründige Böden, kommt auch mit steinigem Untergrund zurecht

MERKMALE Verträgt Hitze und Trockenheit sowie kurze Überschwemmungen. Prächtige Herbstfärbung „Indian Summer" am sonnigen Standort. Vogelnährgehölz

PFLEGE Organische Düngung im Mai. Unterpflanzen oder leicht mulchen, ggf. Schnitt im Herbst

AHORNBLÄTTRIGE PLATANE

— *Platanus hispanica*

WUCHS Als Dachgehölz ein idealer Schattenspender für Sitzplätze und kleine Gärten. Als Baum großer Platzbedarf mit einer Endhöhe bis 30 m

STANDORT Sonne bis Schatten. Durchlässige, tiefgründige, sandig-lehmige Böden

MERKMALE Robust, frosthart, industriefest, schöne Herbstfärbung

PFLEGE Sehr schnittverträglich, Erziehungsform im Herbst nach Laubabwurf durch Schnitt beibehalten

JAPANISCHE NELKENKIRSCHE

— *Prunus serrulata* 'Kanzan'

WUCHS Mehrstämmiger Kleinbaum bis 7 m hoch, trichterförmige Krone

STANDORT Sonne bis Halbschatten. Lockerer, kalkhaltiger, tiefgründiger, frischer Boden

MERKMALE Rosa gefüllte Blüten im Mai. Bronzefarbener Blattaustrieb, Rindenschmuck und gelb-orangene Herbstfärbung

PFLEGE Minimales Auslichten älterer Pflanzen im Frühjahr. Je weniger Rückschnitt, desto weniger pilzanfällig

WEIDENBLÄTTRIGE BIRNE

— *Pyrus salicifolia*

WUCHS 4–6 m hoch. Kurzstämmige, überhängende, bizarre Form. Erhältlich als Hochstamm, Spalier- und Dachgehölz.

STANDORT Sonnig. Durchlässige, lockere, neutrale bis alkalische Böden. Recht standorttolerant

MERKMALE Weiße Blüten im April, bienenfreundlich. Stadtklimafest, tolerant gegenüber Hitze und Trockenheit

PFLEGE Schnittverträglich. Nur eingreifen, wenn erforderlich (Totholz, Auslichten), am besten nach der Blüte

KUGEL-ROBINIE

— *Robinia pseudoacacia* 'Umbraculifera'

WUCHS 4–5 m hoch. Kleine, dicht verzweigte und geschlossene, kugelige Krone. Als Solitär, bildet kaum Ausläufer

STANDORT Sonnig, warm und windgeschützt. Lockere, nährstoffreiche Böden. Trockentolerant und stadtklimafest

MERKMALE Alle Pflanzenteile sind giftig.

PFLEGE Schnittverträglich, am besten im frostfreien Frühjahr. Die Kugelform lässt sich so gut erhalten.

FRÜHLINGS-TAMARISKE

— *Tamarix parviflora*

WUCHS Locker ausladender Großstrauch, bis 3 m hoch und breit. Wirkt leicht und mediterran

STANDORT Sonne bis Halbschatten. Lockere, gut drainierte Böden. Mag es trocken, eingewachsen absolut trockentolerant

MERKMALE Von Mai bis Juli eine Kaskade von rosa Blüten, gelb-rote Herbstfärbung

PFLEGE Blüht am Vorjahrestrieb, Schnittmaßnahmen nicht nötig

WINTER-SCHNEEBALL

— *Viburnum × bodnantense* 'Dawn'

WUCHS Mehrstämmiger, aufrechter, später überhängender Großstrauch, bis 3 m hoch. Einzelstellung oder als kleine Gruppe. Winterblüher!

STANDORT Sonne bis Halbschatten. Robust auf humosen, frischen Böden. Flachwurzler, mag Unterpflanzungen

MERKMALE Duftende Blüten zwischen November und April. Bienennährgehölz.

PFLEGE Düngen nur bei mageren Böden. Verjüngungs-/Auslichtungsschnitt nach der Blüte möglich

ATLAS ZEDER

— *Cedrus atlantica*

WUCHS Malerischer Kronenaufbau, bis 30 m Endhöhe. Von September bis Oktober tonnenförmige, bis 7 cm lange Zapfen. Einzelstellung

STANDORT Vollsonnig, warm und windgeschützt. Verträgt Trockenheit, bessere Entwicklung jedoch in frischen, humosen Böden

MERKMALE Einmalige Wuchsform. Immergrüne Nadeln mit blaugrüner Färbung. *C. atlantica* 'Glauca' besitzt tiefblaue Nadeln.

PFLEGE Schnitt auf Totholzentnahme beschränken. In trockenen Wintern auch gießen, um Frosttrocknis zu vermeiden. Gut frosthart

IMMERGRÜNE MAGNOLIE

— *Magnolia grandiflora*

WUCHS Pyramidaler Wuchs mit gummibaumähnlichen Blättern, 3–8 m hoch. Als Solitär oder auch Spalierform möglich

STANDORT Sonne bis Halbschatten in geschützter, warmer Südwest-Lage. Nährstoffreiche, lehmige, frische Böden. Sie schätzt eine Unterpflanzung oder Mulch im Wurzelbereich.

MERKMALE Große weiße tulpenähnliche Blüten von April bis Juni. Attraktive, zweifarbige Blätter mit dunkelgrün glänzender Oberseite und bräunlich roter Unterseite

PFLEGE Jährliche Düngergaben aus Kompost. Schnitt vermeiden. Winterschutz in rauen Lagen geben

SCHLANGENHAUT-KIEFER

— *Pinus leucodermis*

WUCHS Gerader Wuchs, schlanke und kegelförmige Krone, bis 15 m Endhöhe. Von unten an beastet. Für Einzelstellung

STANDORT Vollsonnig. Sehr standorttolerant und anspruchslos, auch trockene, karge, magere Böden werden besiedelt. Staunässe vermeiden. Tendenziell eher kalkhaltige Böden

MERKMALE Harmonische Wuchsform. Länglich eiförmige Zapfen. Hitze- und trockenresistent

PFLEGE Am richtigen Standort absolut pflegeleicht. Der Wuchshabitus benötigt keine Schnittmaßnahmen. Zuverlässig frosthart

WINTERGRÜNE EICHE

— *Quercus × turneri* 'Pseudoturneri'

WUCHS Strauch/Kleinbaum mit breitovaler Krone, 6–8 m Endhöhe. Als Solitär, auch als Spalierform möglich

STANDORT Sonne bis Halbschatten, geschützt vor Winden und Wintersonne. Durchlässige, trockene bis frische, schwach saure bis stark alkalische Böden

MERKMALE Frosthart bis -20 °C. Eiförmige Eichelfrüchte auf filzigen Stielen. Eine Augenweide zu allen Jahreszeiten.

PFLEGE Der Wuchshabitus benötigt keine Schnittmaßnahmen, wenn nötig im Frühjahr. Winterschutz mittels einer Mulchschicht

KORNELKIRSCHE

— *Cornus mas*

WUCHS Heimischer Strauch oder Baum, 3–5 m hoch. In Einzelstellung, als Gruppenpflanzung oder Hecke

STANDORT Sonne bis Halbschatten. Mag kalkhaltige, lockere Böden. Robust, anspruchslos und trockentolerant

MERKMALE Gelbe Blüten vor dem Laubaustrieb ab März bis April. Essbare rote Früchte, Nährgehölz für Vögel und Insekten. Schöne Herbstfärbung

PFLEGE Ein Auslichtungsschnitt kann alle 2–3 Jahre durchgeführt werden.

HASELNUSS

— *Corylus avellana*

WUCHS Heimisches Gehölz, bis 7 m hoch. Als Sichtschutz zwischen höheren Bäumen oder als Hecke erziehbar

STANDORT Sonne bis Halbschatten. Normaler, frischer Gartenboden, sehr anspruchslos. Gedeiht auch im Schatten, trägt dann aber keine Früchte

MERKMALE Männliche gelbe Blüten-„Kätzchen“ ab März. Haselnüsse sind für viele Kleintiere wertvolle Nahrung.

PFLEGE Ein basaler Auslichtungsschnitt fördert die Fruchtbildung.

ROTE HECKENKIRSCHE

— *Lonicera xylosteum*

WUCHS Heimischer, gut verzweigter, breit aufrechter Strauch, bis 3 m hoch. Als Sichtschutzgehölz, Hecke oder Untergehölz in Waldsituationen sowie in Einzelstellung

STANDORT Sonne bis Schatten. Nährstoffreiche Böden kommen ihr entgegen, ansonsten anspruchslos

MERKMALE Gelblich weiße Blüten ab Mai. Nährgehölz für Vögel und Insekten. Wind-, hitze- und trockenfest sowie salzverträglich. Pflanze und Beeren sind giftig!

PFLEGE Sehr schnittverträglich, Düngen nicht notwendig

SCHWARZE MAULBEERE

— *Morus nigra*

WUCHS Attraktiver Baum oder Großstrauch, 5–12 m hoch. Runde, skurrile Krone erinnert an den Habitus von Olivenbäumen. Solitär oder Gruppengehölz

STANDORT Sonne bis Halbschatten. Durchlässiger, nährstoffarmer, eher trockener Boden. Wärmeliebend

MERKMALE Trockenresistenter als *Morbus alba*. Schmackhafte Früchte ab Juli, Selbstbefruchter. Vogelnährgehölz. Goldgelbe Herbstfärbung

PFLEGE Winterschutz für junge Bäume, schnittverträglich

SCHWARZER HOLUNDER

— *Sambucus nigra*

WUCHS Heimischer Strauch oder Kleinbaum, 3–7 m hoch. Die Sorte 'Black Lace' mit dunkelroten Blättern

STANDORT Sonne bis Halbschatten. Kalkliebend, bevorzugt nährstoffreiche Böden

MERKMALE Hitzeverträglich. Blüten (Mai bis Juli), Früchte (Herbst) können verarbeitet werden. Futterpflanze für Schmetterlinge und einige Insekten, Vogelnährgehölz

PFLEGE Regelmäßiger Auslichtungsschnitt verzögert die Vergreisung

ECHTE MEHLBEERE

— *Sorbus aria*

WUCHS Heimischer Baum mit bis zu 15 m Höhe und dichter, flachgewölbter Krone. In Einzelstellung oder kleiner Gruppe als attraktiver Schattenspender

STANDORT Sonne bis Halbschatten. Trockene bis mäßig frische, durchlässige, kalkhaltige Böden

MERKMALE Weiße Blüten im Mai, Früchte ab August mit Zierwert. Nährgehölz für zahlreiche Insekten und Vögel. Hitzeverträglich und windresistent. Winterhart

PFLEGE Pflegeleicht, aber Staunässe vermeiden

GEWÖHNLICHER ERBSENSTRAUCH

— *Caragana arborescens*

WUCHS Straff aufrechtes, bis zu 4 m hohes Wildgehölz

STANDORT Sonne bis Halbschatten. Wächst auf den ärmsten Böden und verträgt sogar hohen Salzgehalt und Trockenheit

MERKMALE Wertvoll für Vögel als Schutz- und Nährgehölz. Filigrane Blätter, schöne gelbe Schmetterlingsblüten im Mai. Früchte gering giftig, ungenießbar

PFLEGE Nur in der Anwachsphase gießen, auf kargen Böden eine Kompostgabe im Frühjahr

EINGRIFFELIGER WEISSDORN

— *Crataegus monogyna*

WUCHS Großstrauch oder Kleinbaum, bis 5 m hoch. Sein Einsatz als Vogelschutzhecke ergibt gleichzeitig einen undurchdringlichen Sichtschutz.

STANDORT Sonne bis Halbschatten. Bevorzugt kalkhaltige, nährstoffreiche Böden, allgemein anspruchslos

MERKMALE Wertvoll für Vögel und Insekten. Weiße duftende Blüten von Mai bis Juni. Trockenheits- und hitzeverträglich

PFLEGE Pflegeleicht. Schnittverträglich, nur bis Ende Juni

SANDDORN

— *Hippophae rhamnoides*

WUCHS Heimischer Großstrauch, bis 5 m hoch. Bedornt und bildet Ausläufer (Eingrenzung durch Rhizomsperre möglich), dadurch dichte Gebüsche

STANDORT Sonne bis Halbschatten. Bevorzugt sandige Böden. Allgemein anspruchslos

MERKMALE Verwertbare Früchte ab August. Männliche und weibliche Pflanzen für die Fruchtbildung nötigt. Trockenresistent, windfest, verträgt kurze Überflutungen

PFLEGE Abgeerntete Zweige alle 2 Jahre einkürzen

SCHLEHE

— *Prunus spinosa*

WUCHS Heimischer Wildstrauch oder Kleinbaum, bis 4 m hoch. Bedornt. Windschutzhecke, Nähr- und Schutzgehölz für Vögel und viele Insekten

STANDORT Sonne bis Halbschatten. Bevorzugt nährstoffreiche, trocken bis frische Böden, allgemein anspruchslos

MERKMALE Weiße duftende Blüten von April bis Mai, Früchte nach dem ersten Frost roh genießbar

PFLEGE Kein Pflegeaufwand. Ggf. Rhizomsperre einbauen, da Neigung zu Ausläuferbildung

HECHTROSE

— *Rosa glauca*

WUCHS Buschig aufrecht wachsende, heimische Wildrose, bis 2,5 m hoch. Nähr- und Schutzgehölz für Vögel sowie viele Insekten. Robust und gesund

STANDORT Sonne bis Halbschatten. Humose Böden

MERKMALE Hellrosa-rote Blüten von Juni bis Juli. Die Hagebutten sind ein auffälliger Fruchtschmuck ab Spätsommer und können in der Küche verarbeitet werden. Dekoratives Laub. Verträgt Trockenheit gut

PFLEGE Kaum nötig. Verjüngungsschnitt an der Basis

GEMEINER SCHNEEBALL

— *Viburnum opulus*

WUCHS Heimischer Strauch, bis 4 m hoch. Aufrecht dicht wachsend. Auch als Solitär ein wahrer Blickfang

STANDORT Sonne bis Schatten. Bevorzugt kalkhaltige Böden, durchlässig, lehmig-humos, frisch bis feucht

MERKMALE Tellerförmige weiße Blüten von Mai bis Juni. Orangerote bis weinrote Herbstfärbung. Roter Fruchtschmuck ab August (Nährgehölz für Vögel und Insekten)

PFLEGE Pflegeleicht, bei Trockenheit gießen. Bei starker Verzweigung Auslichtungsschnitt nach der Blüte sinnvoll

ABELIE 'EDWARD GOUCHER'

— *Abelia* 'Edward Goucher'

WUCHS Elegant überhängender Strauch, bis 1,5 m hoch und breit. Als Solitär, niedriges Sichtschutzgehölz, für Rabatten

STANDORT Sonne bis Halbschatten, geschützt. Bevorzugt humose, nährstoffreiche, lockere Böden. Kommt mit Trockenphasen zurecht

MERKMALE Duftende zartrosa Blüten von Juli bis September. Wintergrün

PFLEGE Leichter Rückschnitt im Frühjahr fördert die Blüte. Wurzelbereich junger Abelien mit Reisig im Winter schützen. In niederschlagsarmen Wintermonaten gießen.

KALIFORNISCHER FLIEDER

— *Ceanothus thyrsiflorus* 'Puget Blue'

WUCHS Kompakter Strauch, bis 2 m hoch. Als Solitär, Gruppe oder Hecke

STANDORT Sonnig und windgeschützt. Bevorzugt kalkhaltige, sandig-lehmige, durchlässige Böden

MERKMALE Blaue Blüten ab Juni bis Oktober, beliebt bei Insekten. Winterhart bis -16 °C

PFLEGE Pflegeleicht. Gelegentlich durchdringend gießen. Rückschnitt nur bei Bedarf, sonst nicht erforderlich.

ORANGENBLUME

— *Choisya ternata*

WUCHS Kompakter Strauch bis 1,2 m hoch. Als Solitär, im Beet, als niedrige Einfassung, in kleinen Gruppen. Eine gute Sorte ist 'Apple Blossom'.

STANDORT Sonnig, windgeschützt. Bevorzugt nährstoffreiche, leicht saure, frische Böden

MERKMALE Nach Orange duftende weiße Blüten von Mai bis Juni, zuweilen Nachblüte im Herbst. Insektenfreundlich. Hoher Zierwert

PFLEGE In rauen Lagen Winterschutz notwendig. Zu Gunsten des natürlichen Habitus auf Rückschnitt verzichten

WINTERGRÜNER LIGUSTER

— *Ligustrum vulgare 'Atrovirens'*

WUCHS Straff aufrechtes Gehölz, bis 4 m hoch. Als Hecke verwendbar

STANDORT Sonne bis Schatten. Äußerst anspruchslos. Staunässe vermeiden

MERKMALE Diese Sorte ist meist zuverlässig wintergrün und toleriert eingewachsen vorübergehende Hitze und Trockenheit, eine Unterpflanzung ist als Schutz ideal. Nährgehölz für Insekten. Weiße Blüte von Juni bis Juli

PFLEGE Formschnitt bis 24. Juni, jedoch niemals an Tagen starker Sonneneinstrahlung

LORBEERKIRSCHE 'ANGUSTIFOLIA'

— *Prunus lusitanica*

WUCHS Schlankes, aufrechtes Gehölz, bis 4 m hoch. Als wirkungsvoller Solitär und blickdichte Hecke verwendbar

STANDORT Sonne bis Halbschatten. Durchlässige, normale Gartenböden an einem geschützten Standort

MERKMALE Traubenförmige, weiße und duftende Blüten im Juni. Magnet für Bienen und Schmetterlinge. Intensiv dunkelgrünes Laub

PFLEGE Bester Schnittzeitpunkt ist um den 24. Juni oder ab Anfang September. Pflegeleicht

MITTELMEER-FEUERDORN

— *Pyracantha coccinea* 'Red Star'

WUCHS Aufrechtes, dicht verzweigtes Gehölz, bis 2 m hoch. Weniger bedornt als andere Arten. Als dichte (Vogelschutz)-Hecke, Ziergehölz oder Spalierform

STANDORT Sonne bis Halbschatten. Durchlässige, nährstoffreiche Böden, sehr anpassungsfähig

MERKMALE Weiße Blüten von Mai bis August. Orangerote Beeren als Fruchtschmuck bis in den Winter und Vogelnahrung. Insektenfreundlich

PFLEGE Schnittverträglich und anspruchslos

SCHNEEBALL 'ESKIMO'

— *Viburnum 'Eskimo'*

WUCHS Kompaktes, breitbuschiges Gehölz, bis 1,5 m hoch. Als Solitär, niedrige Hecke oder einrahmende Gruppe für Sitzplätze

STANDORT Sonne bis Halbschatten. Durchlässige, humose, frische Böden. Unterpflanzung schützt den Wurzelbereich vor Austrocknung. Windgeschützte Lagen

MERKMALE Weiße, duftende Blütenfülle von April bis Mai

PFLEGE Pflegeleicht. Über organischen Langzeitdünger im Frühling freut sich die Pflanze.

SOMMERGRÜNE HECKEN

HAINBUCHE

— *Carpinus betulus*

WUCHS Heimisches Wildgehölz bis 14 m hoch als Laubbaum, zudem Verwendung als ansehnliche Hecke

STANDORT Sonne bis Schatten. Durchlässige, nährstoffreiche Böden. Anspruchslos und robust

MERKMALE Goldgelbe Herbstfärbung. Trockenes Laub verbleibt oft bis zum Neuaustrieb am Gehölz. Gutes Ausschlagsvermögen. Wollige Kätzchenblüten. Windfest

PFLEGE Formschnitt vor dem Laubaustrieb im Frühjahr (nicht unter -5 °C schneiden) oder im Sommer

GARTENEIBISCH

— *Hibiscus syriacus* 'Red Heart'

WUCHS Aufrechter Strauch, bis 2 m hoch. Als Solitär, Gruppengehölz oder Hecke

STANDORT Sonne bis Halbschatten. Durchlässige, nährstoffreiche, sandig-lehmige Böden. Staunässe sollte vermieden werden

MERKMALE Große Blüten von Juli bis September. Nährgehölz für Insekten

PFLEGE Gießen bei anhaltenden Trockenperioden. Pyramidaler Rückschnitt im Frühjahr fördert die Blütenpracht

KOLKWITZIE

— *Kolkwitzia amabilis*

WUCHS Bis 3,5 m hoher und ebenso breiter Strauch. Malerisch überhängender Wuchs. Als Solitär, Gruppenpflanze oder lockere blühende Hecke

STANDORT Sonne bis Halbschatten. Normale, durchlässige Böden. Übersteht Dürre, sehr frosthart und robust

MERKMALE Duftende rosa Blüten von Mai bis Juni. Nährgehölz für Bienen und Hummeln

PFLEGE Auslichtungs- und Verjüngungsschnitt erst im Alter nach dem Blütenflor vornehmen

KOYOTEN-WEIDE

— *Salix exigua*

WUCHS Strauchartig, filigraner, leicht überhängender Wuchs, bis 4 m hoch. Leicht ausläuferbildend. Ziergehölz für lockere Hecken mit Unterpflanzung, Böschungen und Hangbefestigungen (wegen intensiver Bodendurchwurzelung!)

STANDORT Sonne. Sandig-trockene Standorte. Staunässe muss vermieden werden.

MERKMALE Silbriges, schmales Laub. „Kätzchen"-Blüten von April bis Mai. Absolut hitze- und trockenresistent, winterhart

PFLEGE Pflegeleicht. Ein starker Rückschnitt regt dichteres Wachstum und die Ausläuferbildung an. Das Einbauen einer Rhizomsperrre ist wegen der Neigung der Ausläuferbildung daher sinnvoll.

BRAUTSPIERE

— *Spiraea arguta*

WUCHS Lockerer, feintriebiger Strauch, bis 2 m hoch. Für frei wachsende oder geschnittene Hecken und Einfassungen

STANDORT Sonne bis Halbschatten. Anspruchslos an den Boden, freut sich über eine Unterpflanzung oder Mulchschicht

MERKMALE Weißes, duftendes Blütenmeer von April bis Mai. Verträgt Trockenheit. Nährgehölz für Insekten

PFLEGE Pflegeleicht. Düngung nur im Halbschatten. Form- oder Auslichtungsschnitt nach der Blüte

STRAUCH-ROSSKASTANIE

— *Aesculus parviflora*

WUCHS Breit ausladender Strauch, bis 4 m hoch. Als Solitär im Schatten großer Bäume. Mögliche Ausläuferbildung

STANDORT Sonne bis Halbschatten. Normale, durchlässige Gartenböden

MERKMALE Interessante Farbwechsel beim Laub – von Rot im Austrieb über Dunkelgrün im Sommer und leuchtend Gelb im Herbst. Große weiße Rispenblüten von Juli bis August. Salzverträglich

PFLEGE Leichte Düngung im Frühjahr. Kein Schnitt erforderlich. Falls Auslichtungsschnitt notwendig, dann im Spätwinter

CHINESISCHER LOSBAUM

— *Clerodendrum bungei*

WUCHS Ziergehölz, bis 2 m hoch. Rhizomsperre ist empfehlenswert

STANDORT Halbschatten. Nährstoffreicher, durchlässiger, frischer Boden. Windgeschützt durch andere Gehölze

MERKMALE Hortensienähnliche, rosafarbene, duftende Blüten von Juli bis September. Weniger Wasserbedarf als Hortensien (deren Wasserbedarf ist immens und ihre Verwendung im Garten daher nicht mehr klimagerecht!)

PFLEGE Einkürzen der Triebe im Frühjahr fördert die Blüte und den kompakten Wuchs. Ggf. Winterschutz im Wurzelbereich. Friert er im Winter zurück, treibt er zuverlässig wieder aus

EUROPÄISCHES PFAFFENHÜTCHEN

— *Euonymus europaeus*

WUCHS Heimisches Wildgehölz, bis 6 m hoch. In der Jugend aufrecht, im Alter überhängend. Als Untergehölz oder Vogelschutzhecke

STANDORT Sonne bis Halbschatten. Bevorzugt nahrhafte, sauer bis schwach alkalische, frische Böden

MERKMALE Bienenweide. Auffälliger Fruchtschmuck und schöne Herbstfärbung. Verträgt Trockenheit, Wind und Frost. Stark giftig!

PFLEGE Pflegeleicht und schnittverträglich

ZAUBERNUSS 'ARNOLD PROMISE'

— *Hamamelis × intermedia*

WUCHS Trichterförmiger Strauch, bis 3 m hoch. Langsam wachsend. Einzelstellung im Schutz größerer Bäume

STANDORT Sonne bis Halbschatten. Bevorzugt humose, eher saure, durchlässige Böden

MERKMALE Leuchtend gelbe Winterblüte von Februar bis Ende März. Sensationelle Herbstfärbung

PFLEGE Auf Rückschnitt verzichten, um den schönen Habitus zu erhalten. Organische Düngergabe im Frühjahr empfehlenswert

JAPANISCHE STECHPALME

— *Ilex crenata*

WUCHS Dichter, immergrüner Strauch, bis 3,5 m. Als Untergehölz, Formgehölz oder kleine Einfassungshecke

STANDORT Sonne bis Schatten. Anspruchslos, meidet Kalk. Nährstoffreiche, durchlässige, frische Böden und hohe Luftfeuchte. Stadtklimafest, absolut frosthart

MERKMALE Gesunder Ersatz für den Zünsler anfälligen Buchsbaum. Schwarze zierende Beeren

PFLEGE Formschnitte im zeitigen Frühjahr und wieder ab August für einen kompakten Wuchs

WINTER-HECKENKIRSCHE

— *Lonicera × purpusii*

WUCHS Dicht verzweigter, breitbuschiger Strauch, bis 2 m hoch und 3 m breit. Im lichten Schatten von Bäumen im Einzelstand oder in kleinen Gruppen

STANDORT Sonne bis Halbschatten. Anspruchslos

MERKMALE Frühe Blüte von Februar bis März, weiß und duftend, manchmal bereits im Dezember. Bienenweide und Vogelnährgehölz. Rote, zierende Beerenfrüchte sind schwach giftig

PFLEGE Pflegeleicht, ggf. Verjüngungsschnitt im Alter

BLASENSPIERE

— *Physocarpus opulifolius*

WUCHS Starkwüchsiger Strauch, bis 4 m hoch. Als lockere Hecke, Windschutzböschung oder Untergehölz

STANDORT Sonne bis Halbschatten. Anspruchslos, liebt aber humose Böden. Verträgt Trockenheit

MERKMALE Weiße Blüten im Juni. Vogel- und Insektennährgehölz. Robust. Die Sorte 'Diabolo' kontrastiert mit rotem Laub, 'Dart's Gold' leuchtet goldgelb

PFLEGE Moderater Rückschnitt alle 3–4 Jahre im Frühjahr oder Herbst

STEINWEICHSEL

— *Prunus mahaleb*

WUCHS Mehrstämmiger Strauch oder Kleinbaum, bis 6 m hoch. Für Unterpflanzungen geeignetes Pioniergehölz

STANDORT Sonne bis Schatten. Anspruchslos, liebt kalkhaltige Böden und warme Lagen. Verträgt Hitze und Trockenheit

MERKMALE Weiße Blüten von April bis Mai. Essbare Früchte mit herb-bitterem Geschmack. Vogelnährgehölz

PFLEGE Starker Rückschnitt wird gut vertragen, vorzugsweise im zeitigen Frühjahr

KIWI 'JENNY'

— *Actinidia deliciosa*

WUCHS Schlingende Kletterpflanze, bis 5 m hoch. Als Sichtschutz, Schattenspender für Pergolen, Mauern und Rankgerüste

STANDORT Sonne bis Halbschatten. Humoser, frischer Boden in warmer, geschützter Lage

MERKMALE Selbstfruchtend, aber weitere Sorte empfehlenswert, trägt nach ca. 2–3 Jahren erste Früchte. Ernte der Früchte ab Mitte Oktober bis November, sie sind bis April lagerfähig

PFLEGE Erziehungsschnitt im Januar/Februar, Einkürzen langer Triebe im Sommer. Kompostgabe im Frühjahr. Kalkfreie Dünger während der Wachstumsperiode. Jungen Pflanzen Winterschutz geben, ansonsten gut winterhart

WEINTRAUBE 'SOLARIS'

— *Vitis vinifera*

WUCHS Rankpflanze für Spaliere, Rankgerüste, Laubengänge und Pergolen, bis 6 m hoch

STANDORT Sonne. Anspruchslos. Für diesen Tiefwurzler sollte jedoch jegliche Bodenverdichtung beseitigt werden.

MERKMALE Robust, unkompliziert mit hoher Toleranz gegen Pilzkrankheiten. Frühreife Trauben ab Mitte August für Wein und Traubensaft. Gut winterhart, auch für ungünstige Klimazonen

PFLEGE Beachtet werden sollte der Erziehungsschnitt junger Reben sowie der fortlaufende Rückschnitt alljährlich im Winter.

FINGERBLÄTTRIGE KLETTERGURKE

— *Akebia quinata*

WUCHS Windender Kletterer für Pergolen, Lauben und Spaliere. Erst langsamer, dann raschwüchsigerer Wuchs, bis 7 m hoch

STANDORT Sonne bis Halbschatten. Anpassungsfähig, bevorzugt lehmige, humose Böden in warmer Lage. Toleriert kurzzeitige Trockenheit

MERKMALE Violett-braune (m) und rosa (w) Blüten im Mai an einem Gehölz (einhäusig), würziger Vanilleduft. Essbare, gurkenförmige Früchte. In milden Wintern immergrün. Absenker bilden neue Wurzeln

PFLEGE Eine Laubschicht schützt vor Frost und Verdunstung.

AMERIKANISCHE PFEIFENWINDE

— *Aristolochia macrophylla*

WUCHS Schnellwüchsiger Schlinger für Pergolen, Lauben und Fassadenbegrünung, bis 10 m hoch

STANDORT Sonne bis Halbschatten. Bevorzugt lehmig-sandige, humose, durchlässige Böden in windgeschützten Lagen

MERKMALE Purpurbraune Blüten von Juni bis August. Ihr Duft kann als unangenehm empfunden werden. Hitzeverträglich, komplette Austrocknung vermeiden. Sehr langlebig

PFLEGE Rückschnitt jederzeit möglich, gut winterhart

ROTE KLETTERTROMPETE
— *Campsis radicans*

WUCHS Starkwüchsiger Haftkletterer für Mauern, Laubendächer und Fassadenbegrünung. Kletterhilfen bieten sich bei glatten Oberflächen an. Insektennährgehölz

STANDORT Sonne. Frische, nährstoffreiche, durchlässige Böden in warmer, windgeschützter Lage

MERKMALE Trichterförmige, orangerote Blüten von Juli bis August. Auch gelb blühende Sorten erhältlich

PFLEGE Eine Laubschicht schützt die Wurzeln vor Frost und Verdunstung. Rückschnitt bis März

IMMERGRÜNE CLEMATIS
— *Clematis armandii* 'Apple Blossom'

WUCHS Immergrünes Rankgehölz für Pergolen, Lauben, Spaliere und an anderen Gehölzen, 4–7 m hoch

STANDORT Sonne bis Halbschatten. Frischer, humoser, leicht saurer Boden. Wurzelbereich mit Unterpflanzung oder Nachbarn beschatten. Vor morgendlicher Wintersonne geschützt positionieren

MERKMALE Duftende, weiße Blüten von März bis Mai

PFLEGE Auslichtungsschnitt im Juni, regelmäßige Wassergaben

WINTERJASMIN
— *Jasminum nudiflorum*

WUCHS Kletterpflanze mit lockerem, überhängendem Wuchs für Mauern, Rankwände und Lauben. Wächst an einer Kletterhilfe bis 3 m hoch

STANDORT Sonne bis Halbschatten. Frischer, humoser, kalkreicher Boden. Stadtklimafest und hitzeverträglich

MERKMALE Gelbe Blüten von Dezember bis März. Die Triebe sind ganzjährig grün. Vogelschutzgehölz. Zusätzliche Bodendecker-Qualitäten

PFLEGE Rückschnitt auf ein Fünftel nach der Blüte

IMMERGRÜNES GEISSBLATT

— *Lonicera henryi*

WUCHS Windender Kletterer für Zäune, Mauern und Pergolen, bis 8 m hoch. Benötigt eine Kletterhilfe

STANDORT Sonne bis Schatten. Normale, durchlässige Gartenböden. Stammfuß vorzugsweise beschatten

MERKMALE Gelb-rote Blüten von Juni bis Juli, giftige schwarze Beeren erscheinen im Herbst. Robust und anpassungsfähig

PFLEGE Schnittverträglich. Verdunstungsschutz im Wurzelbereich empfehlenswert

RAMBLERROSE 'ALBERTINE'

— *Rosa 'Albertine'*

WUCHS Im Gegensatz zu Kletterrosen zeigen sie sich buschiger, blühen meist nur einmal und bedürfen kaum Pflege. Insektenfreundlich. Geeignet für Pergolen, Rankwände, Lauben, Mauern und Bäume

STANDORT Sonne bis Halbschatten. Humose, tiefgründige Gartenböden

MERKMALE Duftende Blüten von Juni bis September

PFLEGE Schnitt ggf. vor Laubaustrieb. Veredlungsstellen werden ca. 10 cm tief eingepflanzt. Winterhart

CHINESISCHER BLAUREGEN

— *Wisteria sinensis*

WUCHS Kletternd, schlingender Blütenstrauch, 4–9 m hoch. Enorme Wuchskraft, die Fallrohre verformen kann. Für stabile Pergolen, Rankgerüste, Lauben und Fassaden

STANDORT Sonne bis Halbschatten. Humose, sandig-lehmige, frische, lockere Böden. Winterhart

MERKMALE Violett-blaue, duftende Blüten von Mai bis Juni, längliche Hülsen im Sommer. Insektenfreundlich

PFLEGE Rückschnitt aller Seitentriebe auf 30 cm nach der Blüte, im Winter auf zwei bis drei Knospen einkürzen

HERBST-ANEMONE

— *Anemone-Japonica-Hybride* 'Honorine Jobert'

BLÜTE Groß, weiß, halbgefüllt, 90–110 cm hoch, August bis Oktober. Zartrosa zeigt sich die Sorte 'Rosenschale'.

WUCHS 4 St./m², bildet kurze Ausläufer. Pflanzung im Frühjahr. Konkurrenzstark, langlebig

LEBENSBEREICH Sonniger bis halbschattiger Gehölzrand mit frischem Boden. Etabliert recht tolerant gegenüber Wurzeldruck und kurzzeitiger Trockenheit. Gute Partner sind Herbst-Eisenhut und Kerzen-Knöterich.

PFLEGE Rückschnitt im Frühjahr, gerne Humusgaben

PRÄRIE ASTER

— *Aster turbinellus*

BLÜTE Blauviolett, 80–100 cm hoch, September bis Oktober. Trockentolerant, lilablau ist *Aster* x *herveyi* 'Twilight'

WUCHS 4 St./m², horstig. Hohe Standorttoleranz und winterstabil. Hübsch mit *Salvia glutinosa* und Silberkerze

LEBENSBEREICH Sonnige Freifläche, halbschattiger Gehölzrand, mäßig nahrhafter Boden. Trockenheitsverträgliche Insektenweide

PFLEGE Rückschnitt im Frühjahr und moderate organische Düngergabe

OKTOBER-SILBERKERZE

— *Cimicifuga simplex* 'Brunette'

BLÜTE Weiße Blütenkerzen an langen Stängeln von September bis Oktober. 140–160 cm hoch

WUCHS 1 St./m², horstig. Standfest und reichblühend. Leicht giftig. Gute Partner sind Herbst-Anemone, *Brunnera, Hosta* und Wald-Glockenblume.

LEBENSBEREICH Absonniger bis halbschattiger Gehölz/Gehölzrand, humoser, frischer Boden

PFLEGE Rückschnitt unnötig, unansehnliches im Winter entfernen. Laubhumusgabe im Frühjahr

KERZEN-KNÖTERICH

— *Polygonum amplexicaule* 'Atropurpureum'

BLÜTE Rubinrote Blütenkerzen, 100–120 cm hoch, August bis Oktober. Weiße blühende Sorte ist 'Album'

WUCHS 1 St./m·, breit horstig. Standfest, wirkt am besten in größeren Tuffs und Rabatten

LEBENSBEREICH Sonnig bis halbschattig. Freifläche/ Gehölzrand auf humosem, frischem Boden. Gute Regeneration nach Trockenheit. Möglicher Partner ist Eisenhut

PFLEGE Rückschnitt nach dem ersten Frost. Falllaub getrost bis 10 cm liegen. Anspruchslos

STAUDENFLIEDER

— *Polygonum polymorphum* 'Johanniswolke'

BLÜTE Weiß, 150-200 cm hoch, Juni bis September

WUCHS 150 cm Pflanzabstand. Imposant ohne zu wuchern

LEBENSBEREICH Sonnig-(halb)schattig. Mäßig humoser, lockerer, trocken bis frischer Boden. Gute Partner sind Kandelaber-Ehrenpreis, Eisenhut, Wiesenraute, Taglilie, Montbretie und hohe Gräser.

PFLEGE Anspruchslos. Rückschnitt nach den ersten Frösten

KANDELABER-EHRENPREIS

— *Veronicastrum virginicum* 'Erika'

BLÜTE Hellrosa Blütchen an langen Stängeln, 100–120 cm hoch, Juni bis August

WUCHS 2 St./m·, breit horstig. Aufrecht, standfest

LEBENSBEREICH Sonnig bis halbschattig. Freifläche/ Gehölzrand auf bevorzugt wechselfeuchten, humosen, anlehmigen Böden. Gute Regeneration nach Trockenheit, sehr gesunde Sorte. Gute Partner sind Kerzen-Knöterich, Wasserdost, Entenschnabel-Felberich und Pfeifengras.

PFLEGE Rückschnitt und Düngung im Frühjahr

GROSSE STERNDOLDE

— *Astrantia major*

BLÜTE Weißrosa, 50–70 cm hoch, Juli bis September. Die Sortenvielfalt bietet weitere Blühfarben.

WUCHS 4 St./m·, horstig. Remontiert zuverlässig. Heimische Insektenweide. Versamt sich bisweilen

LEBENSBEREICH Sonnig bis halbschattig. Gehölzrand, auf bevorzugt frischen, humosen, kalkhaltigen Böden. Gute Partner sind Astilben, Akelei, Frühlings-Platterbse, Lockerährige Segge, *Bergenie* und *Hosta*.

PFLEGE Rückschnitt und Kompostgabe im Frühling

KAUKASUS-VERGISSMEINNICHT

— *Brunnera macrophylla*

BLÜTE Blau, 30–50 cm hoch, April bis Juni. Auffällige Blattschmuckpflanze ist die Sorte 'Jack Frost'

WUCHS 6 St./m·, horstig. Neigung zur Selbstaussaat. Langlebig und robust. Teilung vor der Blüte möglich. Verträgt etabliert vorübergehende Trockenheit

LEBENSBEREICH Sonne bis Halb-/lichter Schatten. Gehölzrand, auf frischen, lehmig-humosen Böden. Gute Partner sind Lenzrose, Astilbe, Elfenblume, Sterndolde.

PFLEGE Pflegeleicht, Kompostgabe im Frühling

BRAUNER STORCHSCHNABEL

— *Geranium phaeum*

BLÜTE Braunviolett, 50–70 cm hoch, Mai bis Juli

WUCHS 6 St./m·. Heimische Wildstaude, die Trockenheit und Wurzeldruck gut verträgt. Verwilderungsgeeignet. Rückschnitt nach der Blüte verhindert die Selbstaussaat

LEBENSBEREICH Absonnig bis halbschattig. Gehölz/Gehölzrand auf normalen Böden. Gute Partner sind Balkan-Wolfsmilch, Lerchensporn und *Geranium* 'Biokovo'.

PFLEGE Pflegeleicht, zweiter Rückschnitt im Herbst/zeitigen Frühjahr

DREIBLATTSPIERE

— *Gillenia trifoliata*

BLÜTE Weiß, 60–80 cm hoch, Juni bis Juli. Attraktiv ab rötlichem Austrieb, über Blüte bis hin zur Herbstfärbung

WUCHS 6 St./m². Horstig, buschig, aufrecht

LEBENSBEREICH Absonnig bis halbschattig. Gehölzrand, auf frischen, humosen, durchlässigen Böden. Gute Partner sind Astilbe, *Brunnera*, *Heuchera* ˋStrawberry Swirlˋ, Bergenie, Farne, Storchschnabel, Akelei.

PFLEGE Pflegeleicht, Rückschnitt und Kompostgabe im zeitigen Frühjahr

NESSELKÖNIG

— *Lamium orvala*

BLÜTE Groß, bräunlich rot, 40–60 cm hoch, Mai bis Juni. Zieht nach der Blüte ein. Immergrüne Gräser, Elfenblume oder später blühende Stauden übernehmen danach

WUCHS 4 St./m². Buschige Horste. Langlebige Wildstaude, verträgt Wurzeldruck und Trockenheit, wuchert nicht

LEBENSBEREICH Halbschattig bis Schattig. Gehölzrand, auf frischen, humosen, durchlässigen Böden. Gute Partner sind Wald-Schmiele und Glockenblume.

PFLEGE Pflegeleicht, ggf. Rückschnitt nach der Blüte

MONDVIOLE

— *Lunaria rediviva*

BLÜTE Hellviolett, 80–120 cm hoch, Mai bis Juni. Außergewöhnliche Samenstände

WUCHS 3 St./m². Buschiger, horstiger Wuchs. Heimische duftende Wildstaude, langlebig und ausdauernd

LEBENSBEREICH Halbschattig bis schattig. Gehölz/Gehölzrand auf frischen, humosen Böden. Gute Partner sind Beinwell, Glockenblume 'Iridescent Bells', Dreiblattspiere, Farne, Zarte Japan-Segge und Schnee-Marbel.

PFLEGE Pflegeleicht, ggf. Rückschnitt der Samenstände

SCHNECKEN-KNÖTERICH

— *Bistorta affinis* 'Superba'

BLÜTE Rosaweiß und im Verblühen rot, 20–30 cm hoch, Juli bis September. Wintergrün in milden Wintern

WUCHS 9–12 St./m·. Bildet einen dichten Teppich. Langlebig und ausdauernd

LEBENSBEREICH Sonniger bis halbschattiger Gehölzrand, auf lehmig-sandigen, frischen Böden. Gute Regeneration nach trockenen Witterungsphasen. Schöne Partner sind Kleiner Frauenmantel, Lilientraube, Lungenkraut.

PFLEGE Pflegeleicht, Rückschnitt im Frühjahr

FLAUMIGE ELFENBLUME

— *Epimedium pubigerum*

BLÜTE Cremeweiß, 20 cm hoch, April bis Mai

WUCHS 16 St./m·. Langsam wachsend, mit der Zeit bildet sie dichten Aufwuchs. Wintergrün

LEBENSBEREICH Halbschattiger bis schattiger Gehölzrand auf tiefgründig, humosen, frischen Gartenböden eignet sie sich zur Unterpflanzung. Trockenheitsverträglich

PFLEGE Jährliche Düngung mit Laubhumus. Alle 2–3 Jahre bodennaher Rückschnitt vor der Blüte

BALKAN-WOLFSMILCH

— *Euphorbia amygdaloides* ssp. *robbiae*

BLÜTE Grünlich gelb, 30–40 cm hoch, April bis Juni

WUCHS 6 St./m·. Mittels Ausläufer dichte Bestände auf hart zu besiedelndem trockenem Schatten. Wintergrün

LEBENSBEREICH Halbschattig bis schattig. Gehölz/Gehölzrand auf mäßig humosen, durchlässigen Böden. Sehr trockentolerant. Gute Partner sind Akelei, Narzisse 'Thalia', Farne, *Aster* x *herveyi* 'Twilight' und Berg-Reitgras.

PFLEGE Vom Rückschnitt absehen, lediglich Verblühtes und Frostschäden entfernen

GARTEN-SILBERGLÖCKCHEN

— *Heuchera-Hybride* 'Mint Frost'

BLÜTE Cremefarben, 25–50 cm hoch, Juni bis Juli

WUCHS 8 St./m². Silbrig grüne Blätter mit dunkelgrüner Beaderung, im Winter leicht rosafarben. Horstig wachsend, bringt auch im Winter Struktur ins Beet

LEBENSBEREICH Sonnig bis halbschattig. Freifläche/Gehölzrand auf humosen, frischen Böden. Gute Partner sind Große Sternmiere, Sterndolde und Akelei 'Maxi'.

PFLEGE Vom Rückschnitt absehen, lediglich Verblühtes und Frostschäden entfernen

LILIENTRAUBE

— *Liriope muscari*

BLÜTE Violette Kerzen, 20–40 cm, August bis Oktober

WUCHS 16 St./m². Horstig mit dekorativem, grasartigem Blattschopf, wintergrün. Teilung im Frühjahr möglich

LEBENSBEREICH Halbschattig bis absonnig. Gehölzrand, auf nährstoffreichen, kalkarmen Böden. Verträgt kurze Trockenphasen. Gute Partner sind Elfenblume, Silberblatt-Taubnessel, Lungenkraut, Balkan-Windröschen.

PFLEGE Vom Rückschnitt absehen. Bei Frostschäden im Frühjahr komplett zurückschneiden.

SCHAUMBLÜTE

— *Tiarella cordifolia*

BLÜTE Weiße Blütenstände, 10–20 cm hoch, April bis Mai

WUCHS 12 St./m². Moderate Ausbreitung über Ausläufer, wintergrünes Laub

LEBENSBEREICH Halbschattig bis schattig. Gehölzrand, auf humosen, leicht sauren, frischen Böden. Gute Partner sind Kleines Immergrün, Schafgarben-Margerite, Großblütige Bergminze, *Geranium* 'Biokovo', Lilientraube.

PFLEGE Vom Rückschnitt absehen, lediglich ausputzen und jährlich Laubhumus aufbringen

DIAMANTGRAS

— *Calamagrostis brachytricha*

BLATT/BLÜTE Überhängende Blätter, im Herbst bronzefarben, 70–100 cm hoch. Die Blüten sind silbrig-rosa und winterstabil.

WUCHS 4 St./m·. Als Solitär oder in Gruppen

LEBENSBEREICH Sonniger Gehölzrand und Freifläche auf frischem Boden. Das Gras toleriert vorübergehende Trockenheit.

PFLEGE Erst im Frühjhar ein paar Zentimeter über dem Boden abschneiden.

BERG-REITGRAS

— *Calamagrostis varia*

BLÜTE gelbgrün, 80–100 cm hoch, Juli bis September

WUCHS 2 St./m·. Horstig, locker,, auch im Winter attraktiv

LEBENSBEREICH Sonnig bis halbschattig. Freifläche/Gehölzrand. Heimischer Spezialist für trockene Standorte mit hohem Wurzeldruck. Anpassungsfähig. Gute Partner sind Bergenie, Himalaya-Steppenkerze, Wolfsmilchgewächse, Hohe Fetthenne, Brauner Storchschnabel.

PFLEGE Rückschnitt bis Ende März, handbreit über dem Boden

SCHATTEN-SEGGE

— *Carex umbrosa*

BLATT/BLÜTE 10–20 cm hoch, rotbraune Blüten, April bis Mai. Wintergrünes Laub. Grad der Selbstaussaat bei den einzelnen Arten und Sorten beachten

WUCHS 9 St./m·. Heimisches Gras, bildet dichten Horst

LEBENSBEREICH Halbschattig bis schattig. Gehölz/Gehölzrand auf kalkhaltigen, lehmig-humosen Böden. Verträgt Wurzeldruck und Trockenheit

PFLEGE Pflegeleicht, bei Frostschäden im Frühjahr komplett zurückschneiden.

KLEINE WALD-SCHMIELE

— *Deschampsia cespitosa* 'Palava'

BLATT/BLÜTE 40–50 cm hoch, gelbe Blüten, steril, Juli bis Oktober. Wintergrünes Laub, winterstabile Blüten

WUCHS 6 St./m². Kompakt, horstig und dicht

LEBENSBEREICH Sonnig bis halbschattig. Freifläche/Gehölzrand auf locker, lehmig-humosen, frischen Böden. Verträgt zeitweilige Trockenheit. Gute Partner sind *Brunnera*, Silberblatt-Taubnessel, Schaumblüte, Astilbe

PFLEGE Pflegeleicht. Nur bei Frostschäden im Frühjahr zurückschneiden.

SCHNEE-MARBEL

— *Luzula nivea*

BLATT/BLÜTE 20–40 cm hoch, weiße Blüten, Juni bis Juli. Wintergrünes Laub. Heimische, prachtvolle Wildstaude

WUCHS 8 St./m². Horstiger Wuchs, als Unterpflanzung

LEBENSBEREICH Halbschattig bis schattig. Gehölz/Gehölzrand auf trocken frischen, lehmigen Böden. Toleriert zeitweilige Trockenheit. Gute Partner sind Akelei, Lungenkraut, Schlüsselblume, Rauling, Astilbe

PFLEGE Nicht schneiden, lediglich Frostschäden im Frühjahr entfernen

HOHES PFEIFENGRAS

— *Molinia arundinacea* 'Windsäule'

BLATT/BLÜTE 70–240 cm hoch, beige Blüten, August bis Oktober. Sommergrün

WUCHS 8 St./m². Horstiger, aufrechter Wuchs, imposante Erscheinung auch im Beethintergrund

LEBENSBEREICH Sonnig bis halbschattig. Freifläche/Gehölzrand auf humosen, frischen Böden. Gute Partner sind Weiße Taubnessel, Silberkerze, Eisenhut, Aster, Taglilie.

PFLEGE Vor dem Austrieb bodennah zurückschneiden sowie mit Laubhumus düngen.

Register

Fette Seitenzahlen verweisen auf Abbildungen

BILDNACHWEIS

Mit 214 Farbabbildungen: **Botanikfoto (46):** /Steffen Hauser S. 87 u, 88 o, 88 mi, 89 o, 89 u, 91 u, 92 mi, 93 mi, 93 u, 97 o, 96 mi, 97 u, 100 u, 102 o, 102 mi, /Heinz Hauser S. 106 mi, / Steffen Hauser S. 107 mi, 110 o, 110 u, 111 o, 111 mi, 115 o, 118 o, 118 u, /Heinz Hauser S. 119 o, /Steffen Hauser S. 119 mi, 119 u, 121 u; Botanikfoto /Hans-Roland Müller S. 90 mi, 93 o, 95 u, 96 u, 97 o, 98 o, 103 u, 105 o, 105 u, 106 o, 106 u, 108 o, 110 mi, 112 o, 113 u, 117 o, 120 o, 123 u; **Melanie Cöln (1):** S. 75 o; **Patrick Breitmar–Gartenplanung 3 D Visualisierung (1):** S. 12 re; **Flora Press (34):** /Josefin Widell Hultgren S. 2 li, Gary Rogers S. 2 u, /gartenfoto.at S. 2 o, 15 re, /Georgie Steeds S. 18 u, /Botanical Images S. 21 u, /gartenfoto.at S. 23 o, /Karin Goldbach S. 30, /Josefin Widell Hultgren S. 39 ore, /Gary Rogers S. 39 uli, /Virginie Quéant S. 40, /Visions S. 41 li, /BIOSPHOTO, Yann Avril S. 41 re, /Virginie Quéant S. 45 o, 49 oli, /Josefin Widell Hultgren S. 49 ure, 50 oli, /FocusOnGarden/Jürgen Becker S. 50 ore, /BIOSPHOTO, Frederic Desmette S. 53 o, /GWI, Francoise Davis S. 57 mi, /FocusOnGarden, Ursel Borstell S. 57 u, /Bildagentur Beck S. 61 oli, /gartenfoto.at S. 61 ore, S. 61 ure, /BIOSPHOTO, Philippe Giraud S. 62 li, /FocusOnGarden/Luckner S. 65 re, /Martin Hughes-Jones S. 70, /Evi Pelzer S. 79 o, /Sibylle Pietrek S. 79 u, /Daniela Kunze 82 re, /FocusOnGarden/Jürgen Becker S. 84, /Martin Hughes-Jones 86 u, /Martin Hughes-Jones S. 122 mi, /Visions S. 122 mi; **GAP Photos (5):** /GAP Photos S. 18 re, /Maxine Adcock S. 24 oli, /Paul Debois - Nick Gough S. 62 re, /Graham Strong S. 69 ure, /Jonathan Buckley S. 82 li; **Gartenbildagentur Friedrich Strauß (16):** /Christel Harnisch S. 3, /Friedrich Strauß S. 26 alle vier, 27 alle vier, 39 oli, /Christel Harnisch S. 49 ore, / Vazquez S. 53 u, /Friedrich Strauß S. 69 o, S. 76, 81 oli, /VisionsPictures S. 121 o; **Frank Hecker Naturfotografie (10):** S. 11 li, 86 o, 87 o, 87 mi, 94 u, 96 o, 99 o, 101 o, 101 u, 111 u; **Viktoria Hellmann VORM Kreativ (1):** S. 32; **mauritius images (24):** /Alamy Stock Photos, Dembinsky Photo Associates, Skip Moody S. 86 mi, /Garden World Images, Trevor Sims S. 88 u, /Alamy Stock Photos, Tatyana Azarova S. 89 mi, /Garden World Images, Botanic Images Inc. S. 90 o, /Pitopia, Erich Teister S. 90 u, /Alamy Stock Photos, McPhoto, Rolf Mueller S. 91 o, /Garden World Images , Gilles Delacroix S. 91 mi, /Alamy Stock Photos, Nick S. 92 u, /Alamy Stock Photos, GreekPhotoImages S.97 mi, / Alamy Stock Photos, Zoonar, Peter Himmelhuber S. 99 u, /Garden World Images, GWI, Gilles Delacroix S. 104 o, /Garden World Images, Trevor Sims S. 104 u, /H. Schmidbauer S. 108 u, /Alamy Stock Photos, MBP-Plants S. 115 mi, /imageBROKER S. 116 o, /Alamy Stock Photos, Zoonar, Peter Himmelhuber S. 116 mi, /Alamy Stock Photos, John Martin S. 116 u, /Alamy Stock Photos, Ernie Janes S. 117 mi, /Garden World Images, John Martin S. 117 u, /McPHOTO, Hans-Roland Müller S. 120 mi, /imageBROKER, Martin Siepmann S. 120 u, /Garden World Images S. 122 o, /Oscar D'arcy; Alamy Stock Photos, blickwinkel, McPHOTO, HRM S. 123 o, /Garden World Images, Trevor Sims S. 123 mi; **Schreder (1):** S. 54; **Shutterstock (7):** /Mariana_Rusanovschi S. 94 u, /Chase D'animulls S. 95 mi, /simona pavan S. 98 u, /Olha Trotsenko S. 100 o, /Marc S. 100 mi, /Ralf Neumann S. 101 mi, /Peter Turner S. 109 u; **Stefanie Scholz (43):** S. 4, 6 beide, 8 beide, 14, 17 beide, 18 oli, 19, 21 o, 21 mi, 22, 23 o, 23 mi, 23 u, 24 ore, 28 alle 7, 36 alle drei, 42, 43 beide, 47, 50, 55, 59 beide, 66, 69 uli, 73 beide, 74, 75 u beide, 81 u, 83 re; **Maria Sophia Steffens (4):** S. 45, 46 beide, 57 o; **stock.adobe.com (20):** /Vadim G. Maevskyi S. 24 u, /wetzkaz S. 35, /Michal S. 63 re, /Sonja Birkelbach S. 81 ore, /Nick Taurus S. 92 li, /franco lucato S. 94 mi, /mahey S. 102 u, /Rhönbergfoto S. 103 o, /beres S. 103 mi, /Countrypixel S. 107 o, / EDEN S. 107 u, /horst jürgen schunk S. 109 o, /13threephotography S. 112 u, /Wiert Nieuman S. 113 o, /bildlove S. 114 o, /Marc S. 114 mi, 114 u, /Romaura S. 115 u, /skymoon13 S. 118 mi, /David Maddock S.121 mi; **Hanna Wenzel (1):** S. 11 re,

IMPRESSUM

Umschlaggestaltung von Claudia Eder – Konzept und Gestaltung – unter Verwendung von 9 Farbabbildungen: von Stefanie Scholz (hintere Innenklappe, hintere Außenklappe, vordere Innenklappe), Gartenbildagentur Friedrich Strauß/ Friedrich Strauß (Umschlagvorder- und -rückseite).

Mit 223 Farbabbildungen.

Alle Angaben in diesem Buch sind sorgfältig geprüft und geben den neuesten Wissensstand bei der Veröffentlichung wieder. Da sich das Wissen aber laufend in rascher Folge weiterentwickelt und vergrößert, muss jeder Anwender prüfen, ob die Angaben nicht durch neuere Erkenntnisse überholt sind.

Gedruckt auf umweltfreundlichem Papier, klimaneutral hergestellt.

print 4 climate® klimafreundlich gedruckt

– produziert nach den Richtlinien des Österreichischen Umweltzeichens, Gugler GmbH, UW-Nr. 609, www.gugler.at

Sicher. Kreislauffähig. Klimafreundlich.
C2C Certified® SILBER by gugler*
drucksinn.at

ISBN 978-3-440-17984-0
Projektleitung und Redaktion: Birgit Grimm
Gestaltungskonzept: GRAMISCI Editorialdesign, München
Gestaltung und Satz: Katrin Kleinschrot, Stuttgart
Produktion: Klaus Jost
Druck und Bindung: Gugler GmbH, A-Melk/Donau
Printed in Austria / Imprimé in Autriche

PFLEGEKALENDER

To Do	J	F	M	A	M	J	J	A	S	O	N	D
Pflanzung sommergrüner Gehölze									x	x	x	
Pflanzung immergrüner Gehölze und frostempfindlicher Stauden			x	x	x							
Pflanzung robuster Stauden und Gräser im Topf			x	x	x	x	x	x	x	x		
Rückschnitt sommergrüner Stauden und Gräser		x	x									
Ausputzen immergrüner Stauden und Gräser			x	x								
Kompost- und Düngergabe nach Bedarf der Pflanzen			x	x	x							
Remontierschnitt						x	x	x				
Rückschnitt von Halbsträuchern			x	x								
Pflegeschnitt Laubhecken an bedeckten, nicht zu heißen Tagen						bis 24.6.						
Formschnitt Hecken/Kernobst, an frostfreien Tagen	x	x									x	x
Chelsea Chop					x							
Teilung Stauden/Gräser		x	x									